Friedel Lubitz

Lehrer a.D. – Schule Ade

Lehrer a.D. – Schule ade

Friedel Lubitz

edition kulturwerkstatt

Lehrer a.D. – Schule ade
Friedel Lubitz
Herausgeber: Kulturwerkstatt Meiderich
Reihe *edition kulturwerkstatt*
Layout, Design, Cover-Design by Transmedia Publishing
Produced by Transmedia Publishing 2019
ISBN 978-3946747653

Vorwort

Als ich konfirmiert worden war, wurde ich von meinem Paten gefragt: „Welchen Beruf würdest du gerne mal ergreifen?" „Lehrer, wie mein Vater", lautete spontan meine Antwort, „unter der Voraussetzung, dass ich das Abitur schaffe", ergänzte ich.

Diesen Abschluss erreichte ich auf Umwegen: Abendschule neben meinem Beruf als kaufmännischer Versicherungsangestellter, externes Abitur und Studium. Erst mit 30 Jahren erreichte ich das Ziel, Lehrer zu werden.

Nach meinem Referendarjahr an der Hauptschule Hollenbergstraße in Duisburg-Meiderich begann meine Lehrerzeit im Jahr 1974 an der Bronkhorst-Schule, an der ich dreißig Jahre lang unterrichtete.

Aus dieser Zeit erzählen meine Geschichten.

Diese Geschichten habe ich aus meinen eigenen Erinnerungen geschrieben, habe sie mir auch von ehemaligen Schülern erzählen lassen und aus Büchern und der Schülerzeitung der Bronkhorst-Schule überarbeitet und zusammengestellt.

Die Bronkhorst-Schule hat mein Lehrerdasein, meine Erfahrungen mit Schülern geprägt. Umso schmerzhafter trafen mich die Zerstörung und der Abriss der Schule:

Wie ein Stich ins Herz.

Friedel Lubitz

Die Tanz-AG

„Sie dürfen alles ausprobieren, was Sie im Studium gelernt haben." Diese Worte der Rektorin Frau Verres klangen immer noch in meinen Ohren. Sie hatte mich im Mai 1973 in ihr Rektorzimmer in der Hollenberg-Schule eingeladen. Dort hatte sie mir mitgeteilt, dass mir zu meinen Fächern Englisch, Musik und Evangelische Religion nur die Mentorin für das Fach Englisch zur Verfügung stünde. Der Fachlehrer für die anderen beiden Fächer sei erkrankt. Auf ihre Frage, warum ich diese Fächerkombination studiert habe, antwortete ich mit Augenzwinkern: „Im Unterricht wollte ich im Fach Religion Gospels in englischer Sprache singen." Sie grinste. Frau Verres hatte mir dann das Angebot gemacht, den Deutschunterricht im neuen 5. Schuljahr und damit die Klassenführung zu übernehmen. Sie traue mir das zu. Außerdem stünde mir bei Rückfragen das Kollegium zur Verfügung.

So trat ich nach den Sommerferien im August 1973 meinen Dienst als Referendar in Meiderich an.

Nach ein paar Wochen teilte mir Frau Verres den Wunsch einiger Schülerinnen mit. Dabei stützte sie ihre Aussage auf die Äußerungen der Schülerinnen, dass ich gesagt habe, Musik sei nicht nur zum Hören oder Singen da, sondern Musik ließe sich auch in Bewegung umsetzen. Sie bat mich daher, freiwillig einmal in der Woche doppelstündig eine Tanz-AG zu bilden. Zudem hätten die Schülerinnen die Vielfalt meiner Musikvorstellungen entdeckt und hätten deshalb um meine Mitarbeit gebeten. Ich sagte zu. Einmal in der Woche, mittwochs, zwei Schulstunden wurde geprobt.

Nach über 40 Jahren traf ich auf der Bahnhof-Straße die ehemalige Schülerin Christiane. Sie erzählte mir von der Einrichtung der AG. Ich konnte mich überhaupt nicht mehr daran erinnern. Christiane aber geriet ins Schwelgen. Mit wieviel Spaß und Freude die 12 Schülerinnen die Tanz-Formationen einstudiert hatten. Dann blickte sie sich kurz um und führte die Tanzschritte vor. Dazu sang sie leise den Schlager „Good-bye, Mama" von Ricky Shane. Dieser Song war damals der Renner. Dazwischen erklärte sie mir die Tanzschritte:

2 x rechtes Bein vor das linke, dann 2 x das linke vor das rechte, danach im Takt der Musik einmal um die eigene Achse drehen. Dann Hand in Hand hintereinander einen Kreis bilden und im Uhrzeigersinn gehen. Anschließend ließ eine Schülerin die Kette los und zog die anderen hinter sich her. Die Tänzerinnen rückten dabei immer näher an sich heran und bildeten eine Art Schneckenformation. Als alle eng beieinanderstanden, ließen sich alle los, rissen die Arme hoch und winkten mit den Händen. Dieses Tanzspiel wurde wiederholt und dann war auch der Song zu Ende. Christiane erwähnte noch, dass alle den Text des Schlagers kannten und kräftig mitgesungen hatten.

Ich hatte staunend den Worten zugehört. Dass ich so etwas „auf die Beine" gestellt hatte, war mir total neu. Diese Tanz-AG dauerte bis zum Ende meines Referendarjahres im Mai 1974. Schwerpunkt war immer neue Tanz-Formationen zu erstellen. Eine schöne Zeit mit wertvollen Erfahrungen für meine spätere Lehrerzeit.

Stimmen mit Köpfchen

„Mit dem Fach Englisch sind wir gut ausgestattet. Aber Musik und ev. Religion sind Mangelware." Mit diesen Worten kommentierte die Rektorin der Hollenberg-Schule meine Bewerbung zum Referendarjahr. „Sie können nach den Sommerferien bei uns anfangen. Ich würde mich riesig freuen." Ich willigte ein.

Mein Stundenplan im neuen Schuljahr 1973/74 war gut aufgebaut. Der Mentor für Musik und Religion war krank geworden und fiel für Monate aus. So durfte ich für alle meine Fächer sogar die Klassenführung für die neue Klasse 5 übernehmen. „Das traue ich Ihnen zu", ermutigte mich die Rektorin. Und tatsächlich lief alles wie am Schnürchen. Auch das 12-köpfige Lehrerkollegium nahm mich freundlich auf und bei Fragen standen mir alle Lehrer mit Rat und Tat zur Seite.

Nach den Herbstferien bat mich die Rektorin in ihr Zimmer. „Wir müssen uns Gedanken machen, wie wir die Schulweihnachtsfeier gestalten", begann sie, „sie findet mit allen Klassen und Lehrern in der großen Eingangshalle statt. Die Schüler sitzen auf den vier Treppenaufgängen zu den oberen Räumen und die Aufführung läuft dann im Eingangsbereich ab", erklärte sie weiter. Für den musikalischen Rahmen habe ich dabei an Sie gedacht." Sie lächelte mich an und ich nickte zustimmend.

In meinem Musikunterricht begann ich mit der Stimmensuche. Meine Absicht war einen Schulchor zu bilden, der dann im Wechsel mit der Schülerschaft Advents- und Weihnachtslieder singen sollte. In den folgenden Musikstunden sang ich mit den Schülern, hörte genau hin, wer Töne halten konnte, eine kräftige Stimme hatte und fragte dann nach der Bereitschaft in einem Chor mitzusingen. Das Ergebnis war nicht gerade schmeichelhaft. Nur 12 Schüler waren dazu bereit. Da die Zeit drängte, musste ich sogar nachmittags Proben ansetzen. Aber alle 12 kamen. Ein Problem tauchte auf. Die wenigen Stimmen klangen dürftig und bei vollem Saal würde noch weniger Klang nach oben dringen. Da hatte die Schülerin Christiane aus der achten Klasse eine Idee. „Was halten Sie davon, wenn wir einen Plattenspieler hinter dem großen Blumenkübel an der Säule in der Halle mit Tannenzweigen verstecken. Wir lassen dann über Lautsprecher die Schallplatte mit dem darauf singenden Chor und den Instrumenten abspielen. Wir selbst singen so kräftig, dass der Plattenchor nicht zu hören ist. Jeder denkt dann, wir ließen nur eine Schallplatte mit Instrumentation erklingen." Ich fand die Idee gut und das Chörchen stimmte zu.

Was kann ich von der Weihnachtsfeier berichten? Gedichte, Geschichten vorlesen, kleine Weihnachtsanspiele liefen reibungslos ab. Und zwischendurch trat der Schulchor auf. Die Halle war voll besetzt. Dadurch wurde der Klang ein wenig gedämpft. Aber die Mädchen erkannten das sofort, drehten die Lautstärke des Plattenspielers ein wenig auf und sangen aus Leibeskräften. Dadurch wurde die Schülerschaft ermutigt ebenfalls laut mitzusingen. Zum Schluss sang der Chor „Go, tell it on the mountains". Christiane war in der Zeit, als alle Schüler sangen, hinter die Säule gerannt und hatte die Platte gewechselt. Der Chor sang laut und deutlich und klatschten dazu den Rhythmus. Das war ansteckend und alle klatschten mit.

Am Ende brandete großer Applaus auf. Eine Zugabe wurde gefordert. Oops. Wie sollte jetzt der Plattenwechsel ablaufen? Christiane rettete die Situation und forderte alle live mitzusingen und zu klatschen. Wieder großer Beifall. Und alle schmetterten mit und einige stampften sogar mit den Füßen. Die Feier klang fröhlich aus. Der Chor war zufrieden, stolz und glücklich, alle Hollenberger ebenso.

Das Lehrerdenkmal

Meine Referendarzeit verbrachte ich von 1973 – 1974 an der Hauptschule Hollenbergstraße. In dieser Zeit hatte ich geglaubt, die Schule habe ihren Namen nach der Straße erhalten. Für mich als Nichtmeidericher sagte mir der Name nichts. Ich kam aus Wedau, und die Grundschule war auch nach ihrer Lage und dem Straßennamen ´Am See` benannt worden.

Erst als ich einmal aus der Ev. Kirche Auf dem Damm aus einem Gottesdienst kam, lief ich auf eine Säule zu, die auf dem Kirchplatz errichtet worden war. Auf einer Seite entdeckte ich den Namen Mathias Hollenberg. Ich wurde neugierig. Ich fing an zu forschen. In einigen Büchern und Texten fand ich Informationen über diesen Pädagogen. Aber was war so besonders an diesem Lehrer, dass man ihm ein Denkmal setzte? Als allererstes erfuhr ich, dass er bei Meiderichern, Eltern und Schülern sehr beliebt war. Ist das das einzige Kriterium, das ihm zugeordnet werden kann?

Ich verzichte allerdings auf die Biografie dieses außergewöhnlichen Menschen. Sie ist genau in dem Buch von Peter Cinka „Berühmte Meidericher Persönlichkeiten" beschrieben. Am Ende von Cinkas Berichten fand ich die Würdigungen Hollenbergs von einem Pastor Gräber und eines Rektors Hans Seeger abgedruckt. Sie beschreiben den Charakter von Mathias Hollenberg, und deshalb habe ich sie wörtlich übernommen:

„Hollenberg war ein geliebter und geachteter Lehrer. Seine religiöse Stellung, die ererbte Liebe zum Vaterland, der Geist, der in der nächsten Umgebung herrschte, trieb ihn in allen Zeiten, das Band, welches in unserem Vaterland Fürst und Volk verbindet, immer enger und fester zu knüpfen. Erkannte ja aus eigener Anschauung die Drangsale der Franzosenherrschaft und hatte mit eingestimmt in den Jubel des deutschen Volkes, als die Ketten der Fremdherrschaft gebrochen wurden."

Sein späterer Kollege Rektor Hans Seeger charakterisierte ihn als Pädagoge wie folgt:

„Seine ganze Lehrtätigkeit war durchdrungen von dem Gedanken, das wahre Glück des einzelnen zu fördern und zugleich das Wohl des Ganzen zu sichern." (Quelle: Buch P. Cinka)

Hollenbergs Schüler, wo immer er auch unterrichtete, aber besonders die von Meiderich, hatten alle diese Worte der Würdigungen erleben dürfen. Ich verstehe jetzt, dass sie aus Dankbarkeit ihm das Denkmal setzten, das heute noch vor der Ev. Kirche in Mittelmeiderich steht. Es wurde übrigens am 18.8.1877 eingeweiht.

Und ich bin irgendwie stolz, wenn auch nur für ein Jahr, an der Hollenberg-Hauptschule unterrichtet zu haben.

Schullandheim Antweiler

Im Sommer 1976 fuhr ich als Lehrerbegleitperson mit der Klassenlehrerin einer 6. Klasse und einer Fachlehrerin ins Schullandheim Antweiler. Die Schüler und Schülerinnen waren an einem warmen Sonnentag im Juni voll beschäftigt. Sie durften in der Ahr mit nackten Unterschenkeln durch das seichte Wasser waten, und manche bauten einen Damm aus Steinen. Die Mädchen hatten Decken ausgebreitet und sonnten sich. Eine kleine Schar Jungen spielten Fußball. Nur einer saß auf einer Stange, die das Grundstück absperrte und schaute dem ganzen Geschehen zu: Paulo di Pinto Abrantes. Ich ging auf ihn zu und sprach ihn an: „Na, keine Lust?" „Doch." „Warum sitzt du hier?" „Ich gucke nur zu, was die anderen machen." „Soll ich dich hier allein sitzen lassen?" „Ja." „Ok. Dann gehe ich mal wieder. Bis später."

Dieses karge, aber offene Gespräch hatte mich irgendwie beeindruckt. Aber Paulo wohl auch. Denn beim Abendbrot setzte er sich zu mir. Er erzählte mir von seinen Geschwistern und seinen Eltern, und dass die Familie 1968 nach Meiderich gekommen waren, weil sein Vater eine gut bezahlte Stelle im Hüttenwerk Meiderich bekommen hatte. Im Laufe des Aufenthaltes erfuhr ich viel über sein Zuhause, und so entstand eine vertrauensvolle Lehrer-Schüler-Beziehung. In den weiteren Jahren habe ich dann nur in Vertretungsstunden in Paulos Klasse unterrichtet.

Nach seiner Schulzeit hatte ich Paulo aus den Augen verloren. Bis zu dem Zeitpunkt, als ich zu einem Lehreraustausch in Porto/Portugal weilte. Da wollte ich einmal der Hektik der Stadt entfliehen. Ich flüchtete auf einen Friedhof und setzte mich auf eine Marmorbank. Da entdeckte ich hinter mir einen Grabstein mit der Aufschrift Manuela di Pinto Abrantes. Ich erinnerte mich an diesen Nachnamen. Als ich nach Meiderich zurückkehrte, machte ich Paulo ausfindig. Den Kontakt mit ihm habe ich bis heute aufrechterhalten. Er wohnt zwar nicht mehr in Meiderich. Aber über Besuche und Telefonate reden wir immer noch über Meidericher Zeiten und lachen über das Gespräch im Schullandheim in Antweiler.

Ein Portugiese in Meiderich

Ein Meidericher in Portugal

Paulo Pinto Abrantes lernte ich 1976 bei einem Schullandheimaufenthalt in Antweiler kennen. Ich war damals der begleitende Lehrer der Klasse. Paulo war offen, freundlich, abenteuerlich und lustig. Bis zu seiner Entlassung von der Bronkhorst-Schule konnte ich ihn im Vertretungsunterricht kennenlernen. Er war einer von vielen. Danach verloren sich unsere Spuren. Als mir im Jahr 1998 die Möglichkeit eines Lehreraustausches angeboten wurde, sagte ich sofort zu. Ich unterrichtete 14 Tage in Porto die Fächer Deutsch Englisch an der Escola Segundaria Alexandre Herculano. Ziel und Zweck meines Besuches waren: *Lehrer sollen zu Multiplikatoren für Lerninhalte und Unterrichtsmedien sein. Ein Erfahrungsaustausch soll später in den Lehrerkollegien stattfinden. Auch sollen persönliche ´Brücken` mit Lehrern und Schülern zwischen Deutschland und Portugal geschaffen werden.*

Schon aus dem ersten Besuch entstanden sehr schöne Freundschaften. Drei weitere private Reisen nach Portugal folgten, immer mit einem Abstecher zur Schule in Porto verbunden.

Ein besonderes Erlebnis möchte ich erzählen. Die Menschen in Porto sind manchmal laut. Nach einem Bummel über Märkte und Plätze suchte ich Ruhe. Wo fand ich diese? Auf einem Friedhof. Nach dessen Besichtigung setzte ich mich auf eine kleine Marmorbank vor einer Familiengruft. Ich schaute mich um und erblickte eine Grabplatte mit dem Namen Manuela di Pinto Abrantes. Bei diesem Nachnamen erinnerte ich mich an Paulo. Ich beschloss, ihn nach meiner Rückkehr ausfindig zu machen und mit ihm Kontakt aufzunehmen.

Als ich wieder in Meiderich war, fand ich Paulo nach einigen Umfragen durch ehemalige Schüler. Ich lud ihn zu mir nach Hause zu einem portugiesischen Abendessen ein. Paulo kam. *Da lädt ein Deutscher einen Portugiesen ein und beköstigt ihn in einem Meidericher Haus mit einem portugiesischen Abendessen. Unglaublich!* So lauteten seine Worte voller Erstaunen. Wir führten lange Gespräche an diesem Abend, und wenn es schön ist, fliegt die Zeit dahin.

Die Verbindung zu Paulo dauerte bis 2004. In diesen sechs Jahren flogen Paulo und ich, wie bereits erwähnt, nach Portugal und besuchten Paulos Familie und Freunde.

Dann verloren sich wieder unsere Spuren. Erst 2014 entdeckten wir uns auf Facebook. Paulo wohnt heute in einer Stadt in Hessen. Er kommt auch ab und zu nach Meiderich und besucht seine Geschwister und Freunde.

Eine wunderschöne Brücke, eine fantastische Verbindung zwischen einem Portugiesen aus Meiderich und einem Meidericher, der Portugal liebt.

Als hätte ich Neuland entdeckt

Ich wohnte über 26 Jahre in Duisburg-Wedau. Dort hatte ich festgestellt, dass die Straßennamen im alten Wedauer Teil nach Bäumen oder Landschaften benannt worden waren: Zu den Eichen, Birkenweg oder Am See.

Als ich 1974 eine Wohnung auf der Burgstraße in Meiderich bezog, kannte ich zwar schon einige Straßen, aber noch längst nicht die in Unter- und Obermeiderich. Mir war nur aufgefallen, dass viele Straßen nach Meidericher Persönlichkeiten benannt worden sind.

Meine erste Schule lag an der Hollenbergstraße. Mein Auto fuhr über die Bürgermeister-Pütz-Straße und über die Paul-Bäumer-Straße. Meine Bücher kaufte ich auf der Von-der-Mark-Straße. Dann trat ich meinen Schuldienst in der zweiten Schule auf der Bronkhorststraße an. Woher hatte die Straße diesen Namen? Die Antwort blieb lange ein Geheimnis. Aber ich blieb auf Entdeckungsreise.

Einmal im Jahr plante das Kollegium einen Betriebsausflug. Denn Anfang der 70er Jahre waren immer mehr neue Kollegen gekommen. An einem sonnigen Spätsommertag brachte uns der Bus zu einem Wasserschloss im Münsterland. Hier fand eine Besichtigung der Räume und des Gartens statt. Am frühen Abend fuhren wir wieder nach Meiderich zurück. Aber was hatte das alles mit der Namensfindung Bronkhorst zu tun? Während der Schlossbesichtigung führte uns die Fremdenführerin in einen großen Rittersaal. An der breiten Seitenwand machte sie uns auf den Stammbaum der Schlossbewohner aufmerksam. Das Kollegium las die Namen, und plötzlich füllte ein lautes Lachen den Raum. Die Reiseführerin schaute uns erstaunt an. Wir hatten sie irritiert. Welchen Namen hatten wir entdeckt? „Giesbert von Bronkhorst zu Anholt". Unsere Schule lag doch an der Bronkhorststraße. Wir erfuhren dann die Auflösung. Die Familienmitglieder „von Bronkhorst zu Anholt", die auch den Titel „Reichsgrafen oder Fürsten zu Salm" trugen, waren einstmals die „Herren von Meiderich". Diese Erklärung war für uns Kollegen neu. Das wussten wir nicht.

Aber danach fühlte ich mich in meinen Gedanken bestärkt, als hätte ich wie Columbus Neuland entdeckt.

Die Raucherecke

Zehn vor zehn, große Pause. Die Klassentüren wurden aufgestoßen und die ersten Schüler rannten durch das Treppenhaus auf den Schulhof, in die Raucherecke, hinten links hinter dem Gebäudeflügel. Rauchen war zwar an unserer Schule verboten, aber die Schüler suchten immer einen Weg. Ein Schüler hielt an der Hausecke Wache, und sobald sich ein Lehrer näherte, wurde gehustet, ein Handwinken oder Achtung gerufen. Dann wurde der Glimmstängel ausgedrückt und in die Streichholzschachtel gesteckt. Es konnte nicht nachgewiesen werden, wer geraucht hatte.

Eines Morgens hatte ich einen Plan. In der zweiten Unterrichtsstunde hatte ich frei und in der anschließenden großen Pause die Aufsicht auf dem Schulhof zu führen. Langsam machte ich mich um 9.35 Uhr auf den Weg zur Raucherecke. Dort zwängte ich mich in die Hausnische, so dass ich nicht sofort gesehen werden konnte.
Als erste kam Manuela angelaufen, mit qualmender Zigarette im Mund. ´Huch` sagte sie erschrocken, als sie vor mir stand. Sie drückte sofort die glimmende Zigarette aus. „Du weißt, dass ich dich deiner Klassenlehrerin melden muss." Manuela nickte bedrückt. Aber an diesem Tag und auch in den nächsten Tagen war die Klassenlehrerin erkrankt. Sie fehlte über eine Woche. „Ich glaube, ich habe die Meldung vergessen", flunkerte ich später Manuela vor. Sie hatte verstanden, grinste und sagte leise „Danke".

Drei Jahre Schullandheimverbot

Auf dem Kunstmarkt am 28. Mai 2017 traf ich Frank S., einen Schüler aus meiner ersten Klasse, deren Klassenlehrer ich von 1974 bis 1979 war. Ich bat Frank, mir doch einige Vorkommnisse aus dieser Zeit zu erzählen, da ich nur wenige Geschichten in Erinnerung hätte. „Oder wart ihr immer eine brave Klasse?", fragte ich vorsichtig an. Und dann legte Frank los. Zum ersten Mal hörte ich „Dönekes", an die ich mich überhaupt nicht mehr erinnerte. Zum Beispiel dieses, siehe Überschrift!

Das war das Resultat folgender Ereignisse, so berichtete Frank: „Unsere Klasse war Ende des 6. Schuljahres auf die Freusburg bei Siegen gefahren. Diese Burg war zu einer Jugendherberge umgebaut worden und bot viele Ausflüge, Wanderungen und Erlebnisse auf der Burg an. Idealer Aufenthalt für junge Schüler.

Aber eines Nachts wollten einige Schüler ihre eigenen Erlebnisse erfahren. Sie kletterten aus dem Flurfenster im ersten Stock. Von dort gelangten sie auf ein Vordach, an dessen Seite eine Sprossenleiter angebracht war. Dann nur noch ein Sprung auf den Weg und die Truppe konnte von da aus in den Wald laufen.

Aber die Jungen hatten nicht mit der zweiten Gruppe gerechnet. Diese vermasselte nämlich die Rückkehr. Man verschloss das Flurfenster. Als die Jungen auf dem Vordach angekommen waren, konnten sie nicht in die Herberge hinein. Sie mussten zwei Stunden in der Nachtkälte ausharren, bis der Herbergsvater sie bei seinem nächtlichen Kontrollgang entdeckte. Dieser Vorfall wurde Ihnen aber erst am nächsten Morgen berichtet. Für Sie stand fest, in Klasse 7 gibt es keine Klassenfahrt.

Wieder in der Bronkhorstschule zurück ließen Sie die Möglichkeit offen, dass bei eventuell gutem Benehmen doch noch ein Schullandheimaufenthalt stattfinden könnte.

Aber was geschah in Klasse 7? Kai und Michael, zwei waghalsige Gesellen und die auffälligsten Schüler unserer Klasse, hatten in einer Pause gewettet, dass sie aus dem Fenster der Klasse, die in der ersten Etage lag, springen würden. Und in der nächsten 5-Minuten-Pause, wenn Lehrer den Klassenraum wechseln, machte Kai den Anfang. Mit einem Satz hüpfte er von der Fensterbank in die Tiefe. Unten angelangt, hörte man

Kai nur wimmern. Er konnte nicht mehr aufstehen. Er hatte sich das Bein gebrochen. Der Krankenwagen musste herbeigerufen werden. So erfuhren Sie den Unfall, und für Sie war wieder klar, keine Fahrt ins Schullandheim Das Risiko war Ihnen wohl zu groß.

Der nächste „Fall" in Klasse 8. Wieder mit Kai. In der großen Pause hatten Kai und Hubert sich gestritten. (An den Anlass konnte sich keiner erinnern.) Im Atrium war ein Podest gebaut worden, auf dem anfangs ein Blumenkübel stand, später wurde darauf eine symbolträchtige Bronzefigur errichtet. Auf diese Stelle drängte der eher schmächtige Hubert den kleineren Kai. Dann nahm der ‚Hänfling' Anlauf, und stupste den kräftigen Kai hinunter in die Tiefe. Resultat: Rippenbruch. Klarer Fall: Keine Schullandheimfahrt.

In Klasse 9 waren alle Fachlehrer von Ihnen informiert worden, jegliche Art von Vorkommnissen zu melden. Aber die Klasse wurde hellhörig, wie die Fachlehrer unser Fehlverhalten kommentierten. „Ich will mal Gnade vor Recht ergehen lassen, oder, na ja, es gibt Schlimmeres, oder ich werde öfters eurem Klassenlehrer auch mal Positives von euch berichten." Aus diesen Urteilen wurde uns bewusst, dass Sie doch noch mit uns eine Klassenfahrt riskieren wollten. Ab diesem Moment siegte die Vernunft über unseren Verstand. Der Erfolg gab uns Recht. Ende des 9. Schuljahres verbrachten wir eine wunderschöne Zeit in der Jugendherberge in Olpe am Biggesee.

Aber keine Regel ohne Ausnahme. Am vorletzten Tag unseres Aufenthaltes hatten Sie einen erwischt, der eine Flasche Cognac mit aufs Zimmer schmuggeln wollte. Der bunte Abend fand zwar statt, aber es blieb ein Wermutstropfen zurück. Michael K. wurde auch prompt nach Hause geschickt, bzw. die Eltern mussten ihn abholen. Aber dieses Ereignis spielte jetzt auch keine Rolle mehr, denn wir wurden ja nach Beendigung der Klasse 9 sowieso entlassen. Waren wir also immer die „liebe" Klasse von Herrn Lubitz? Wenn man ein Abschlusszertifikat ausstellen müsste, so waren die fünf Jahre Schulzeit doch noch eine schöne Zeit, und aus uns allen ist doch noch was geworden."

Elternsprechtag

„Warst du schon mal in der Straße dieser Siedlung in der Neubreisacher Straße?", wurde ich gefragt, als ich 1974 als Lehrer an die Bronkhorstschule berufen wurde. Ich verneinte.

„Aber ich werde sie sicher noch kennen lernen", beteuerte ich. Damit war die Diskussion abgeschlossen.

Es dauerte aber noch etliche Jahre, bis ich die Abwicklung eines Elternsprechtages erkannt hatte. Einmal im Jahr fand dieser Tag statt. Viele Eltern warteten vor der Klassentüre, um sich über den Leistungsstand ihrer Kinder zu informieren. Aber etliche blieben auch fern.

Am nächsten Tag erfuhr ich die Entschuldigungen von meinen Schülern:
1. Beide Eltern waren berufstätig.
2. Vater musste arbeiten, Mutter hatte die übrigen Geschwister zu versorgen.
3. Dieser Grund wurde mir von einem türkischen Schüler zugeflüstert.

Die Eltern kamen aus Scham nicht zum Gespräch. Diesen Gedanken wollte ich den Eltern nehmen und hatte den Elternsprechtag am nächsten Tag bei der türkischen Familie avisiert. Ende der 70er Jahre war ich dann in die Neubreisacher Straße gefahren und mir kam es so vor, als käme ich in eine andere Welt. Ich hatte mich vorher erkundigt, ob ich als Fremder angesehen würde. Aber ich erhielt nur positive Rückmeldungen. Hier fühle man sich wohl, fast wie zu Hause in der Türkei und mit den wenigen Deutschen, die hier noch wohnten, verstand man sich gut. So lautete die einhellige Meinung.

Kinder spielten damals draußen auf der Straße Fußball oder in den Hinterhöfen Verstecken. Sie tobten und sprangen durch Pfützen, deren Wasser aus Putzeimern geschüttet war. Dreckige Klamotten waren normal. Einige Kinder sausten mit Rollschuhen oder ihren schrottreifen Fahrrädern die Straße rauf und runter oder kurvten um den Wasgauplatz. Ich musste mein Auto bremsen, um nicht mit ihnen zusammenzustoßen. Handy, I-Phone waren damals noch nicht ´in`. Man unterhielt sich mit Freunden. Kleine Grüppchen diskutierten. Großeltern saßen auf ihren Stühlen auf dem Bürgersteig und beobachteten jedes Geschehen. Erlebtes und Gesehenes wurde in der Clique besprochen. Eine türkische Idylle? Nein, irgendwie ein schönes Bild. Auf der Straße kreuzten die ersten Bronkhörstler meinen Weg, winkten mir zu oder riefen meinen Namen. Dann besuchte ich eine türkische Familie. Kaum hatte ich im Wohnzimmer der türkischen Familie Platz genommen, wurde mir Tee angeboten. Ich nickte Zustimmung und Semra, die älteste Tochter, brachte mir das kleine Tee-Service mit dampfendem Tee.

Das anfängliche Gespräch verlief harmonisch. Semra übersetzte meine Erläuterungen, Bitten und Mahnungen. Während wir noch über meine Ratschläge diskutierten, klingelte es. Eine Mutter mit ihrem Sohn Recep aus meiner Klasse trat ein. Sie sprach die Hausherrin auf Türkisch an und nach einem kurzen Wortwechsel, den ich nicht verstand, setzte sie sich auf einen Stuhl. Ich hatte das erste Gläschen Tee ausgetrunken und schon goss mir Semra das Gläschen wieder voll.

Kurz darauf klopfte jemand an die Wohnungstüre. Semra öffnete und zwei weitere Mütter und ein Vater aus meiner Klasse kamen herein. Drei weitere Stühle wurden sofort hereingetragen. Alle begrüßten mich mit einem freundlichen Merhaba (Guten Tag).

Jetzt sprach mich der Vater in gebrochenem Deutsch an: „Kinder haben Lehrer hier reingehen sehen. Wir Eltern haben gedacht, wir fragen Lehrer, wie gut unsere Kinder in Schule sind. Du kannst offen reden, wir kennen uns alle." Ich erklärte die Leistungen so gut ich konnte, und es fand so eine Art privater Elternsprechtag in einem türkischen Wohnzimmer statt. Immer wieder wurde mir Tee nachgegossen. Dazu wurde Gebäck serviert. Der Sprechtag zog sich bis nach 19 Uhr hin. Nach zwei Stunden wollte ich keinen Tee mehr trinken. „Du musst Löffel über Teeglas legen. Das heißt Stopp, kein Tee mehr", erklärte mir Semra.

In der folgenden Nacht hatte ich kaum geschlafen. Der starke Tee verfehlte seine Wirkung nicht. Nur zwei Stunden Schlaf! Mein Kopf dröhnte vor lauter Stimmengewirr aus deutschen und türkischen Wörtern. Und ich schwor mir, nur in dringenden Fällen Hausbesuche zu machen.
Aber etwas Neues hatte ich gelernt: Türkische Trinkkultur: Teetrinken beendet man mit Löffelchen auf dem Teeglas.

It´s Tea-Time

Wir hatten das Kapitel im Englischbuch abgeschlossen, und den dazu gehörenden Test geschrieben. Jetzt wussten die Schüler meiner 8. Klasse, dass in der nächsten Englischstunde ein besonderer Ablauf anstand. Der Aufbau sah folgendermaßen aus:

Die Schulstunde dauert 45 Minuten. In den ersten 7 bis 8 Minuten wurde das Thema aus dem Buch nacherzählt. Das diente dazu, die englischen Sprachstrukturen zu festigen. Dann folgte die erste Pause von 7 bis 8 Minuten. Die Schüler durften ihre Brote, Kekse und Getränke zu sich nehmen.

Als nächster Schritt wurde in der gleichen Zeitspanne nur englisch gesprochen mit einem von mir vorgegebenen Thema über Sport, Kunst oder Zeitgeschehen. Oft entstand eine lebhafte Diskussion. Danach wieder eine Pause, die ich immer mit dem Satz ‚it´s tea-time' einleitete. Die Schüler aßen dann ihr Frühstück meistens zu Ende. In den verbleibenden Minuten durften die Schüler ein freies Thema wählen und besprechen. Manchmal reichte die Zeit aus, ein anderes Mal beendete der Gong die Unterrichtsstunde.

Diese Prozedur hielt das ganze 8. Schuljahr Stand. Ich wollte dieses Schema auch in der 9.Klasse fortsetzen. Die Schüler waren begeistert und stimmten zu.

Das 1. Kapitel des neuen Schulbuches war zu Ende bearbeitet. Alles schien seinen geregelten Gang einzunehmen. Ich gab den Startsatz vor: ‚It´s tea-time'. Und dann traute ich meinen Augen nicht. Der erste Schüler griff unter seinen Tisch und holte eine Tüte mit 20 Brötchen hervor. Der zweite packte Päckchen mit Leberwurst und Käse aus. Die nächste Schülerin ging zum Klassenschrank, verteilte danach Trinkbecher und Teller aus Pappe. Eine weitere Schülerin schenkte aus einer Thermoskanne Kaffee aus. Gleich mehrere Schüler halbierten die Brötchen, beschmierten sie mit Leberwurst, andere belegten sie mit Käsescheiben. Alles geschah in einer Windeseile, und so konnte die Crew nach etwa drei Minuten beginnen, ihr zweites Frühstück einzunehmen.

Ich staunte nur und musste lachen. Dann wurde auch mir ein Teller vorgesetzt und auf Kommando eines Einzelnen wünschten wir uns „Good Appetite".

Das war auch der einzige englische Satz, der in dieser Stunde gesprochen wurde. Aus den Gesprächen erfuhr ich das Lob und die Zustimmung meiner Englischunterrichts-Methodik. Neben Klatsch und Tratsch unter Schülern teilte mir man auch weitere Wünsche für den Englischunterricht mit.

Zum Schluss einigten sich alle Schüler darauf, dass die neue Art von Tea-Time-Stunde nur noch in der letzten Stunde vor den Ferien stattfinden sollte. Immerhin sollte der 9. Schuljahrabschluss nicht gefährdet werden. Spaß am und im Unterricht war zwar gewünscht, aber Lernen war auch verpflichtend.

Komik – Spaß – Respekt

Vor Jahren hatte ich einmal die Absicht, ein Buch über Humor, Spaß und Respekt in den Klassen einer Hauptschule zu schreiben. Aber mir blieben nur wenige Erlebnisse in Erinnerung. Nicht dass jetzt der Eindruck entsteht, die Hauptschule sei eine humorlose Institution. Das wäre nicht meine Intention, dies darzustellen. Vielmehr ging es mir darum, über humorvolle Ereignisse zu berichten, an denen die ganze Klasse den Spaß mit Intellekt, Respekt oder Nachdenken gehabt hätte.

Ich erinnere mich an eine Deutschstunde in der 7. Klasse. Ergänzen muss ich dazu, dass die Bronkhorst-Schule Ende der 70er Jahre bis Anfang der 80er das Experiment gestartet hatte, nationalhomogene Klassen einzurichten. Denn immer mehr zugezogene türkische Schüler besuchten unsere Schule. Diese Klassen sollten so lange aufrechterhalten bleiben, bis alle den gleichen Sprachlevel erreicht hatten. Thema der Deutschstunde lautete: Zusammenfügung von Präpositionen und dem Dativartikel, z.B. im, beim, vorm, hinterm, unterm.

Als ich vor der Klasse demonstrierte, „Ich stehe am Fenster", sah ich die Mädchen kichern und die Jungen feixen. Noch maß ich dem Verhalten keine Bedeutung zu. Ich gab noch ein weiteres Beispiel: „Ich sehe dich am Montag". Wieder Gelächter! Ich war verunsichert. Was war los? Warum lachte man? Aber keiner wagte mir eine Antwort zu geben. Nach der Stunde kam der 13-jährige Klassensprecher zu mir. Er klärte das Verhalten seiner Mitschüler auf. Sie hätten über die Präposition „am" gelacht. „Am" sei ein türkisches Wort und bezeichne das weibliche Geschlechtsorgan. Das war mir nicht bekannt. Ich versprach, das Problem mit der Klasse in der nächsten Deutschstunde zu besprechen.

Die Schüler verstanden meine Darlegung der letzten Stunde. Hätte ich die Übersetzung gewusst, hätte ich mit einem Augenzwinkern die Ausführung erklärt. Wir hätten alle gelacht oder gegrinst, aber mit dem anschließenden Gedanken, dass jeder die Sprache des anderen respektiert. Jetzt grinsten nur noch wenige und alle nickten zustimmend.
Diese Absprache hielt jahrelang. Als bekannt wurde, dass der Leiter der Gesamtschule wie ein türkisches Schimpfwort hieß, kam wieder ein leichtes Grinsen über das Gesicht der türkischen Jungen. Warum?

Die deutsche Aussprache der beiden Namen klang gleich. Aber das eine ist eben ein türkisches Schimpfwort. Es wurde allenfalls nur noch im privaten Bereich benutzt. Respekt!

Zehn Jahre später war ich mit 14 Stunden an der Hauptschule und mit 13 zum Projekt „Arbeit mit Schulschwänzern" abgeordnet worden. Umgangssprachlich hießen diese Schüler Schulschwänzer, im Amtsdeutsch Schulverweigerer. Apropos Umgangssprache: Neben dem Unterricht mussten wir Lehrer auf die Verrohung oder Änderung der deutschen Sprache achten. Entweder war alles cool oder geil, krass oder grottenschlecht. Auch im Umgang mit Menschen war der Respekt im Schwinden.

Die Schülergruppe von 12 Schülern, die ich unterrichtete, war dabei ein Logo für unsere Arbeit in Werkstatt-Schule, so hieß das Projekt, zu entwerfen. Ich erklärte ihnen, worauf man bei Bild und Text zu achten habe. Peter erschien mein Vortrag als zu lang und rief einfach in den Raum hinein: „Hey Alter, nun mach mal halblang und lass uns mal machen". Einige Mitschüler lachten, andere grinsten und zwei schwiegen. Man erwartete jetzt eine Reaktion von mir. Spontan antwortete ich: „Hey Baby, ist ok. Ich bin ja schon fertig."

Woher ich die Spontaneität bekam, woher ich die Worte fand, weiß ich nicht mehr. War sie pädagogisch richtig? Jedenfalls verfehlte sie ihre Wirkung nicht. Peter: „Ich bin nicht dein Baby." Ich: „Siehst du, und ich nicht dein Alter." Alle lachten, und Peter flüsterte nur ein leises „sorry". Ab da verstanden wir uns bis zum Ende seiner Schulzeit. Respekt!

Lerninhalte u. Verhaltensweisen

Lerninhalte waren auf Bronkhorst wichtig. Jeder Lehrer und jede Lehrerin musste zu Beginn eines Schuljahres die Themen und Arbeitsweisen vorlegen und waren für jeden Unterrichtenden einsehbar. Die Ordner wurden dazu im Rektorat oder Sekretariat aufbewahrt. An der Wand im Physik- und Chemieraum waren das Periodensystem für Chemie und Maß- und Gewichtseinheiten für Mathematik sichtbar ausgehängt. So lernten die Schüler und Schülerinnen nach dem Prinzip Sehen-Hören-Behalten. Dazu hatten wir auch ausgezeichnetes junges Lehrpersonal. Es bestand auch immer eine familiäre, vertraute und auch schaffensreiche Atmosphäre. Dieses Wohlfühlmoment schaffte es auch, dass den Schülern die Verhaltensregeln leichter fielen, wie z.B.

1. Ich melde mich, wenn ich etwas sagen möchte. Das hieße, es wurde nicht mit den Fingern geschnipst, oder man sprang auch nicht auf und rief das Ergebnis in den Klassenraum
2. Ich vertrage mich, wenn wir uns **gestritten** haben. Es fiel den Schülern leicht, sich wieder zu versöhnen, manche brauchten dazu Tage. Aber immerhin gab es immer jemanden, der zum Schritt der Schlichtung den Schülern half.
3. Ich achte das Eigentum anderer. Hefte, Bücher, Stifte wegzunehmen oder zu verstecken, wurde manchmal aus Spaß durchgeführt, wurde auch schnell aufgeklärt. Aber an echte Diebstähle kann ich mich nicht erinnern. So hielt die ganze Schülerschaft wie an einem Band zusammen. Dieser Bund wurde in einem Pressebericht verglichen mit einem Ring, der wie ein Edelstein funkelt. In großen Lettern stand auf der Lokalseite: Bronkhorst - ein Juwel.

Noch 'ne Lachpille

In einer Lehrerkonferenz hatte das Lehrerkollegium beschlossen, Fremdwörter weitgehendst zu vermeiden. Denn die Schülerschaft hatte sich verändert. Immer mehr Ausländerkinder hatten unsere Schule besucht. Nur eine Ausnahme sollte erhalten bleiben. In den oberen Klassen hatten wir die lateinischen grammatikalischen Begriffe mit deutscher Übersetzung anzuwenden. Immerhin sollte der Weg zu weiterführenden Schulen nicht verbaut werden.

In einer Geschichte von W. Träpper hatte der Autor vor über 100 Jahren schon gefordert: Weg mit den fremden Wörtern. Er schrieb diese Forderung in Poesieform und plattdeutsch. Ich habe versucht die Reimform beizubehalten, aber manchmal musste ich den Inhalt in Satzform fassen. Und trotz der humorvollen Vorschläge könnte man heute einige ernst nehmen und auch im heutigen Unterricht beherzigen. Aber urteilen Sie selbst:

Weg mit den fremden Wörtern
Wenn einer eine Fremdsprache kann. Aber was sollen wir in der deutschen Sprache mit so viel fremdem Einschlag.
Was sollen wir mit dem Wort Madam, Frau klingt doch auch so nett, und der Name Hannchen ist doch süßer als Janette. Base statt Kusine und Fräulein statt Mamsell, oder Vetter statt Kusin und Herr anstelle von Monsieur reicht doch auch. Auf einer Menuecard steht dasselbe wie auf einer Speisekarte. Man hat Lust zum Essen, dazu braucht man keinen Appetit und anstatt Quantum genügt auch ein Haufen. Ob Diner oder Mittagessen, beides macht doch satt und ein deutscher Gastwirt ist mir lieber als ein fremder Hotelier.

Was brauche ich den Wunsch Bonjour, mir genügt ein herzliches Guten Tag. Dazu gehört nicht viel Mut und die Courage hilft auch nicht mehr. Wer im Beutel keinen Pfennig hat, der braucht auch kein Portemonnaie, und wer kein Gehacktes mag, der mag auch kein Frikassee. Ein Köppchen Fleischbrühe schmeckt auch recht gut, anstatt eine Tasse Bouillon, mag man sie nicht, dann schütte sie auf dem Bürgersteig aus, nicht aber auf dem Trottoir. Wenn's regnet nimm 'nen Regenschirm, der ist besser als ein Parapluie. Wenn einer dazu keinen Einfall hat, der ist auch kein Ge-

nie. Hat einer etwas vorgestellt, was gut ist und was nicht, dann schrei nicht bravo, bravo, sag einfach nur haste gut gemacht. Drum weg mit all dem fremden Zeug, wir sind uns selbst genug. Die deutsche Sprache braucht nicht mehr, wir reden gut und laut Zug um Zug.

Mancher Wortschatz ist aus dem Französischen in der deutschen Sprache verschwunden. In den letzten 50 Jahren hielten dafür mehr Anglizismen Einzug in unsere Alltagssprache. Und irgendwie wird dadurch unsere Sprache lebendiger.

Allerdings muss man darauf achten, dass unsere Sprache nicht zu sehr in den Hintergrund gedrängt wird, besonders auch dann, wenn die ausländischen Lernenden überhandnehmen. Aber rücksichtsvoll und respektvoll sollte man alle und alles behandeln, so wie wir es an unsere Schule damals praktizierten.

Pubertierende Mädchen

Frank S. erinnerte mich daran, dass mir einmal zwei Mädchen in unserer Klasse Probleme bereitet hatten. Er konnte mir auch bestätigen, dass ich bei beiden Vorfällen eine geeignete Lösung gefunden hatte. Welch ein Trost!

Birgit hatte im Deutschunterricht geträumt. Sie schaute mal aus dem Fenster zu den gegenüberliebenden Häusern, mal auf ihre Hände. Dann tuschelte sie mit ihrer Nachbarin Martina und dabei hatte ich sie erwischt. Ich hatte sie daraufhin mit den Worten getadelt: „Birgit, pass besser auf, als mit deiner Klassenkameradin zu quatschen". Birgit habe sich beleidigt gefühlt, öffentlich vor der Klasse getadelt worden zu sein. Sie sei dann zum Gegenangriff übergegangen. Sie antwortete dann in einem harschen Ton: „Ich habe nicht gequatscht. Martina hat mich leise etwas gefragt und ich habe nur geantwortet." Aber anstatt als Lehrer auf seinem Recht zu beharren, sind Sie aufgestanden und zu Birgit gegangen und ihr gesagt: „Entschuldige bitte, es tut mir leid, dann habe ich mich wohl geirrt." Meine ehrlichen Worte hatten sowohl Birgit als auch die gesamte Klasse sehr beeindruckt.

Einige Zeit später kam Petra nach der großen Pause weinend zu mir ans Pult. „Was ist los, meine Liebe? Hat dir irgendjemand etwas getan?", fragte ich vorsichtig. Zunächst druckste Petra, doch dann platzte es aus ihr raus: „Kai hat mich Nutte genannt. Das Wort hat noch keiner zu mir gesagt. Was bedeutet das?" „Setz dich mal hin, Petra, das klären wir gleich", tröstete ich sie. Als alle Schüler Platz genommen hatten, schrieb ich wortlos die Frage auf die Tafel „Was ist eine Nutte?" Absolute Stille. Ich forderte die Klasse auf, mir andere Bezeichnungen zu nennen. Zögerlich kamen die Antworten, teils aus Scham, teils aus Unwissen, was ich mit diesem Thema bezweckte. Ich schrieb die Schülerantworten an die Tafel: Hure, Dirne, Prostituierte, Nacktweib und … Puffmutter. Nächste Frage: Wo arbeiten diese Frauen? Jetzt blickte ich in die ersten grinsenden Gesichter. Der erste mutige Junge pustete heraus: Natürlich in einem Puff. Die nächsten Antworteten lauteten: In einem Freudenhaus, im Stundenhotel.

Dann ging ich auf Kai zu und fragte ihn: „Kai, du kennst alle diese Begriffe. Trotzdem hast du Petra mit Nutte beschimpft. Treffen alle diese

Bezeichnungen auf Petra zu?" Kai bekam einen puterroten Kopf und schluckte. Dann stand er auf, ging zu Petra hin und reichte ihr die Hand. Seine Entschuldigung war nicht zu überhören. Die Klasse klatschte Beifall.

Nachdem Frank mir diese Geschichte erzählt hatte, kommentierte er sie folgendermaßen:

„Manch ein Lehrer hätte Kai gerügt oder sogar bestraft. Sie haben daraus fast eine ganze Unterrichtsstunde gemacht, man könnte auch sagen ‚geopfert'. Aber ich glaube, unsere Klasse hat daraus gelernt, vorsichtiger mit Schimpfwörtern umzugehen. Ich meine mich sogar zu erinnern, dass kaum noch welche ausgesprochen wurden. Und noch so nebenbei, im Nachhinein habe ich Sie sogar bewundert."
Mir blieb nur übrig zu sagen „Vielen Dank, Frank."

Regeln auf Bronkhorst

Unsere Schule wurde einst von der Duisburger Presse als ´ein Juwel in Meiderich` bezeichnet. Wie kam es dazu? Durch einen Umzug durch die Straßen machten Lehrer und Schüler auf sich aufmerksam. Durch Plakate, durch gemischte Schülergruppen von Deutschen und Ausländern und durch die Ausstrahlung der Geschlossenheit erreichten wir, dass die Stadtverwaltung die Bronkhorstschule nicht auflöste. Aber ´Bronkhorst` wurde auch inhaltlich zum Juwel. Neben der Vermittlung von Lerninhalten hatten Lehrer und Schüler Regeln einzuhalten. Manche Vorschriften waren leicht zu erfüllen, bei anderen taten sich beide Seiten schwer. Da wurde um Lösungen gerungen, aber die Probleme waren ausgesprochen worden. Manchmal musste auch ein Kompromiss gefunden werden.

Und so lautete der Gesamterziehungsauftrag, gegliedert nach a) Ordnungsregeln im Klassenraum, b) nach Ordnungsregeln für den einzelnen Schüler und c) nach Verhaltensregeln zu Mitschülern.

Regeln im Klassenraum:
1. Auf meinem Arbeitstisch liegen nur die Materialien für das Fach und das Hausaufgabenheft.
2. Nur zwischen den Unterrichtsstunden darf gegessen und getrunken werden.
3. Die Hausaufgaben stehen immer an der Seitentafel.
4. Ich schreibe die Hausaufgaben in mein Hausaufgabenheft.
5. Die Schultaschen werden immer mit nach Hause genommen.
6. Alle Hefte werden immer mit nach Hause genommen.
7. Bücher können in der Schule bleiben, wenn sie zuhause nicht gebraucht werden.

Regeln gegenüber Mitschülern:
1. Ich achte meine Mitschüler
2. Ich respektiere seine Mitschüler
3. Ich diskutiere mit ihm freundlich
4. Ich schlage mich nicht mit ihm
5. Bei Unstimmigkeiten hole ich Hilfe

Regeln für den Einzelnen:
1. Ich schreibe ordentlich
2. Ich schreibe mit dem Füller
3. Ich schreibe immer das Datum an den Heftrand.
4. Ich schreibe nur bis zum Rand
5. Ich schreibe zu jedem Thema immer eine Überschrift
6. Ich schreibe große und kleine Buchstaben ganz deutlich
7. Ich lasse zwischen den Aufgaben nur 3 bis 4 Reihen frei.

Viele dieser Regeln wurden im Laufe meiner 30-jährigen Dienstzeit als so selbstverständlich angesehen und von allen eingehalten. Einige wurden auch gestrichen, z.B. Regel 2 für den Einzelnen. Füller waren teuer und so wurde das Wort Füller durch Faserstift ersetzt. Auch fiel die Überschrift weg (Regel 5) und Regel 7 ebenso, da es dem Schüler überlassen blieb, wie viele Zeilen er frei ließ. Die eigene Entscheidung und die dafür gewonnene Verantwortung war wichtiger.

Weil Kollegium und Schülerschaft immer miteinander kooperierten und nie gegeneinander arbeiteten, konnte und kann ich immer nur sagen „Es war eine schöne Zeit auf Bronkhorst."

So ändert sich die Pädagogik

9 Uhr 50. Der Schulgong war zum zweiten Mal erklungen. Die ersten Schüler stießen die Schultüre auf und rannten auf den Hof. Auch Joachim, ein Schüler meiner Klasse, rannte ins Atrium, so nannte man den vorderen inneren Teil des überdachten Schulhofes, und lief durch die Ausgangstüre in den Schulgarten mit den hohen Sträuchern. Dort hockte er sich hin und wartete, bis die erste Jungengruppe meiner Klasse auch auf den Schulhof kam. Die Jungen spielten gern das Versteckspiel bis zum Ende der viertelstündigen Pause. Es gewann die Gruppe, die die meisten nicht entdeckten Kameraden vorweisen konnten. Als ich meinen Dienst als Pausenaufsichtsführender einnahm, entdeckte ich, dass einige Schüler sich die Nase an den Glaswänden des Atriums plattdrückten, um eventuelle Schüler im Garten zu finden. Ich gesellte mich zu ihnen, und da sah ich Joachims buntkariertes Oberhemd durch die Blätter schimmern. Ich verriet ihn aber noch nicht und wartete bis zum Ende der Pause auf ihn. Als der Gong zum Pausenende ertönte, da kam Joachim ganz bedrückt auf mich zu. „Ich weiß, welchen Fehler ich gemacht habe", stammelte er und blieb vor mir stehen. „Dann weißt du auch, dass ich dir jetzt eine Strafarbeit aufgeben muss?!", entgegnete ich ihm. Ein zögerliches Ja konnte ich hören. Ich musste einen Augenblick überlegen. Die Aufgabe sollte ja auch pädagogisch wertvoll sein und zum Wohl des Schülers dienen. „Du schreibst mir einen Aufsatz mit dem Thema `die Zerstörung der Umwelt durch unnützes Versteckspiel`. Und jetzt ab in die Klasse." Wie ich auf dieses Thema gekommen war, weiß ich heute nicht mehr, aber ich erhoffte mir davon das Einsehen des Schülers für sein Fehlverhalten. Zwei Tage später legte mir Joachim einen Schreibblock vor, in dessen Innenseite seine Ausführungen niedergeschrieben waren.

Die Jahre zogen ins Land. Nach 40 Jahren entdeckte ich Joachims Namen bei Facebook wieder. Wir verabredeten das erste Treffen und konnten uns viel aus den vergangenen Jahren erzählen. Ich teilte ihm mit, dass ich Geschichten aus Meiderich schreibe, aber dass ich aus Joachims Jahrgang nicht einen Bericht vorliegen hätte. Ich bat ihn, beim nächsten Treff doch ein Ereignis aus den 70er Jahren mitzubringen.

Das tat er auch und schilderte mir, dass ich ihm einst eine Strafarbeit verhängt hätte. Ich konnte mich überhaupt nicht mehr daran erinnern. Ich konnte ihm nur mitteilen, dass das Wort ‚Strafarbeit' in späteren Jahren nur noch ‚Sonderarbeit' genannt werden durfte. „Wenn ich mich zur Strafarbeit entschieden habe, dann nur deshalb, um auf der nächsten Pädagogischen Konferenz zu beweisen, dass ich im Sinne der beschlossenen Regel gehandelt hatte. Ich hatte damals noch nicht genug Rückgrat, dies unsinnige Regel zu brechen."

Joachim lauschte meinen Worten und war überrascht über das, was ich weiter vorbrachte. „Wenn dein Fehlverhalten zehn Jahre später passiert wäre, hätte ich dich dazu verdonnert, mit einer Gartengruppe die zerbrochenen Zweige einzusammeln oder das platt getretene Erdreich zu lockern. Somit wäre für dich eine echte Sonderarbeit entstanden. Wie haben eigentlich deine Eltern reagiert?", schob ich ein. „Mein Vater hat nur gesagt, wie kann ein so netter Lehrer eine solch schwierige Strafarbeit einem so jungen Menschen anhängen. Aber Joachim, du hast den Fehler begangen, und dafür musstest du eben bestraft werden", gestand Joachim. Wir mussten beide lachen. Ich fuhr fort: „Hättest du den Fehler 1995 begangen, hätte ich dir gesagt: Joachim du hast die Regel zum ersten Mal gebrochen, und wenn du mir versprichst, kein zweites Mal so etwas zu machen, dann hätte ich dich weggeschickt." Joachim staunte. „Und jetzt stell dir vor, noch einmal 10 Jahre später, hätte dir mit ernstem Gesicht und tiefer Stimme gesagt: Mein lieber Joachim, du hast dich über ein Verbot der Schule hinweggesetzt, und dafür muss ich dir eine Strafe aussprechen. Die Strafe lautet: Heute Abend gehst du zur Strafe – mit nackten Füßen ins Bett. Lachend wärst du in den Klassenraum gegangen."
Wir beide, der ehemalige Schüler und der ehemalige Lehrer lachten laut über meinen Humor.

Zum Schluss brachte Joachim den Knüller des Abends heraus: „Meine Mutter hat meine Strafarbeit in einen Ordner abgeheftet. Wenn ich bald meine Eltern besuchen werde, dann sende ich dieses Schriftstück via Email zu, einverstanden?" Ich nickte und unser Lachen nahm kein Ende. Und heute liegt die Niederschrift diesem Bericht bei.

Die Zerstörung der Umwelt durch unnützes Verstecken (Warum man den Schulrasen nicht betreten darf.)

Der Rasen ist nur für den Sportunterricht geeignet. Wir dürfen nicht auf den Rasen, weil der Rasen nicht jedes Jahr gesät werden kann. Das Betreten des Rasens ist nicht gestattet, weil, wenn jeder drauf geht, Schlaglöcher entstehen können, diese sind dann beim Sportunterricht gefährlich, weil der Schüler oder sogar der Sportlehrer hinfallen könnten. Es würden dadurch unvorhergesehene Schäden entstehen.

Der Rasen braucht nicht betreten werden, weil der Schulhof groß genug ist. Der Fußballplatz darf betreten werden, weil dort kein Schaden entstehen kann. Der Rasen ist eine Grünfläche, die nicht betreten werden darf. Deswegen schlage ich vor, ein Schild aufzustellen, wo ‚Rasen betreten verboten' darauf steht. Da dies eine Erinnerung an die Schüler sein kann, denn dann brauchen sie nicht einen langen DIN A4 Aufsatz schreiben.

Die neben dem Rasen befindlichen Sträucher dürfen auch nicht betreten werden. Sehr wichtig ist es, wenn die Vögel Brutzeit haben. Auch wenn die Sträucher gut zum Verstecken und diejenigen Sachen sind, ist es verboten. Denn wenn es alle machen würden, würden nach einiger Zeit keine Sträucher mehr bestehen und es würden die Zweige, Äste und dergleichen abgebrochen werden. Auch am Weg neben der Rennbahn und der Laufstrecke.

Joachim B. Klasse 8 d

So kann man auch Geld verdienen

Meine Kollegin Uta berichtete einmal in einem Buch über ihre Tätigkeiten als Beratungslehrerin an der Bronkhorst-Schule. Sie war die Verbindungslehrerin zu Schüler, Lehrern und Eltern geworden, half bei schulischen und privaten Problemen und schaffte so manche Problemlösung. Es gab auch Rückschläge, aber die hielten sich in Grenzen. Einen solchen Fall hat sie mal geschildert:

Einer ihrer Schüler wohnte einer Beerdigung auf dem Meidericher Pfarrfriedhof bei. Die Worte des Pfarrers waren ihm so zu Herzen gegangen, dass er laut schluchzte. Die Trauergäste sahen zu ihm herab. Wer war dieser Junge? Keiner kannte ihn. Er durfte mit zur Nachfeier ins Gemeindehaus gehen und dort die leckere Suppe mitessen, auch den anschließenden Nachtisch. Der Sohn der Verstorbenen sprach den Jungen an. Hier erfuhr der Sohn, dass der Junge seiner Mutter beim Überqueren der Straße, beim Einkauf und auch bei haushaltlichen Gängen innerhalb des Hauses geholfen hatte. Die Mutter hatte dem Jungen sogar einen Wohnungsschlüssel überlassen, damit er in ihre Wohnung hereinkommen konnte. Und er hatte die alte Frau tot auf dem Sofa gefunden und konnte so einen Arzt verständigen.

Der Sohn war erfreut, das alles zu hören. Viel zu wenig hatte er sich um seine Mutter kümmern können. Aus Dankbarkeit drückte er dem Jungen heimlich DM 10,- in die Hand. Das wäre der Mutter recht gewesen.

Die Kollegin erfuhr später noch etwas: Als der Junge am Abend der Beisetzung nach Hause kam, schlug er die Tageszeitung auf, studierte die Todesanzeigen. Er fand die Todesanzeige über eine alleinstehende, 86-jährige, kinderlose Frau, deren Beerdigung drei Tage später stattfand. Eine neue Beerdigungsnachfeier tat sich auf. Ein ähnliches Ritual schien sich zu wiederholen. Ob es auch tatsächlich passierte, wusste meine Kollegin nicht zu berichten, denn von dem Jungen hat sie nie wieder etwas gehört.

Die Schülerin Irvana

Die aus Syrien stammende Schülerin aus der Klasse 10 hatte die Bronkhorst-Schule 1979 mit einem Abschlusszeugnis verlassen.
Bei einem Einkauf bei Edeka erzählte mir Birgit, die beste Freundin von Irvana, dass Irvana 1980 nach Syrien zurückgekehrt sei. Den Grund der Rückkehr habe sie aber nie erfahren. Über den sang- und klanglosen Abschied sei sie sehr traurig gewesen. Sowohl in der Schule als auch im Privatleben hätten sie sehr viel Spaß gehabt, viele gemeinsame Erlebnisse und Geheimnisse geteilt. Aber dann war Irvana verschwunden, sie habe nie wieder etwas von ihr gehört und Birgit hatte den Kontakt abgebrochen, weil sie auch von Irvanas Familie keine Informationen erhielt.
Aber jetzt nach 30 Jahren habe sie von Irvanas ehemaligen Nachbarn erfahren, dass man Irvana in Syrien im Jahr 1983 tot aufgefunden habe. Sie war in den Krieg gegen den IS gezogen. Sie muss also damals 19 Jahre alt gewesen sein. Eine so junge Frau hat ihr Leben lassen müssen. War es das wert? Für Irvana vielleicht. Kaum zu glauben! Für uns Bronkhorstler nicht.

Bronkhorstschule darf nicht sterben

Anfang 1988 tauchte zum ersten Mal die Meldung in einer Duisburger Tageszeitung auf:
Bronkhorstschule soll geschlossen werden. Das Kollegium berief eine Lehrerkonferenz im Juni 1988 ein. Thema: Wie können wir unsere Schule retten? Mehrere Vorschläge wurden vorgetragen und diskutiert.
1. Plakate erstellen und mit den Besonderheiten der Unterrichtsinhalte erklären.
2. Handzettel in den Haushalten verteilen.
3. Ein Schulfest gestalten.
4. Elternabende stattfinden lassen.
5. Sportfest organisieren.
6. Schulräume durch Schüler neu anstreichen lassen.

Punkt 1+2 wurden nicht akzeptiert, da Papier in der Öffentlichkeit schnell ‚verfliegen' würde.
4+5 würden nicht die Zielgruppen der Eltern ansprechen. Es könnten zu wenig erscheinen.
Punkt 6 war zu schwierig für Schüler.
Der 3. Punkt könnte dann in Erwägung gezogen werden, wenn die Schule erhalten bliebe. Aber was sollten wir tun? Da hatte ein Kollege eine geniale Idee. „Wir bilden, wie im Karneval oder bei St. Martin, einen Umzug durch Meiderich."
Zunächst lachten die Kollegen. Aber so nach und nach freundete man sich mit dem Gedanken an. So sah der Plan aus: Schüler aus den jeweiligen Klassen ziehen einen Handkarren durch den Stadtteil. Jeder Wagen sollte mit Girlanden, Luftballons oder Blumen geschmückt sein. In diesen Wagen müssten dann Merkmale, Symbole oder Fotos mit den Besonderheiten der Unterrichtsinhalte aufgestellt sein. Dann sollte die Presse eingeladen werden, die über den Umzug informieren müsste. Diesem Vorschlag wurde zum größten Teil zugestimmt.

Nach den Sommerferien 1988 versammelten sich Lehrer und Schüler vor der Schule und zogen mit Musik und Gesang durch die Lösorter Straße, Stefanstraße, Reinholdstraße, Hagenauer Straße, bogen dann in die Neubreisacher Straße ein, dann in die Brückelstraße und zuletzt wieder in die Bronkhorststraße bis zur Schule zurück. Da der Umzug in der

Nachmittagszeit erfolgt war, standen viele Zuschauer auf den Bürgersteigen oder lagen in den Fenstern. Unterwegs wurden Schüler und Lehrer angehalten und nach dem Sinn und Zweck des Umzugs gefragt. Alle standen Rede und Antwort und informierten Meidericher Bürger jeden Alters. Fröhlich, gut gelaunt und mit dem Resultat zufrieden zog jeder nach Hause.

Am nächsten Schultag diskutierten wir Lehrer in den Pausen noch oft über den Umzug. „Meine Güte", begann eine Kollegin, „ich war ja noch nie in der Neubreisacher Straße. Diese Straße strahlt ja ein mediterranes Flair aus." Eine andere Kollegin war begeistert, dass in den Zwischengängen der Häuser Tische und Stühle aufgestellt worden waren. Männer saßen daran, tranken Tee und spielten Karten. Die türkischen Frauen hatten die Fenster geöffnet und winkten dem Umzug zu. Andere Frauen waren vom Einkauf zurückgekehrt, öffneten ihre Taschen und verteilten Süßigkeiten an die Kinder. Solch eine Begeisterung von Meidericher Bürgern hatten die wenigsten Kollegen erlebt.

Ein paar Tage später berichtete die Presse mit der Überschrift „Bronkhorst – ein Juwel" über den Umzug. Und wie hatte das Schulverwaltungsamt entschieden? Bronkhorst-Schule bleibt vorerst bestehen. 1989 feierte unsere Schule das Jubiläum zum 20-jährigen Bestehen. Eine Festschrift wurde erstellt, mit allen Fakten und Daten. Titelzeile: Bronkhorst-Schule darf nicht sterben.

Brückenpfeiler

In meinen Gedanken hatten sich immer Bilder von Brücken festgesetzt. Ich ging schon als Jugendlicher gern über Fußgängerbrücken. Für mich galt eine Brücke immer als eine Verbindung zu Orten, die ich dadurch erreichen konnte, wo Menschen, die ich dadurch erreichen konnte, die auf der gegenüberliegenden Seite auf mich warteten oder dort wohnten. Und die Pfeiler, die die Brücken trugen, bedeuteten für mich immer das Gefühl der Sicherheit.

Als am Ende der 80er Jahre der Song ‚Like a bridge over troubled water' (Wie eine Brücke über tosendes Wasser) von dem Duo Simon and Garfunkel im Radio zu hören war, konnte ich meine Begeisterung nur mühsam unterdrücken. Aber immerhin motivierte mich die Melodie, einen deutschen Text dazu zu schreiben, und diesen trug ich auf der Feier ‚20 Jahre Bronkhorst-Schule' vor, wobei ich meine Kollegen mit Brückenpfeilern verglich, die die Schule schon 20 Jahre gestützt und unterstützt hatten. So lautete der Text:

Ein Neubeginn mit viel Schwung,/ ein Lebensziel vor dem, der jung./ Der Lauf der Welt,/ er ging bergauf, in all diesen Jahren/ hast du dann festgestellt/ wie ein Stein über tosendes Wasser eine Brücke schlägt,/ so steht der Mensch wie ein Brückenpfeiler,/ der die Schule prägt.

Es flieht die Zeit mit viel Schwung,/ das Lebensziel bei dem, der jung./ Der Freund, der Feind/ sie ziehn vorbei. Nach all dieser Zeit bleibt das, was uns vereint:/ Wie ein Stein über tosendes Wasser eine Brücke schlägt,/ so steht der Mensch wie ein Brückenpfeiler, der die Schule prägt.

Während meines Vortrags lief eine Instrumentalfassung dieses Liedes, so dass der Text die Gefühle der Zuhörer berührte.

Ergänzen möchte ich noch, dass ich selbst noch zehn Jahre später dieses Bild vor Augen hatte. Nach meinem Lehreraustausch in Portugal schrieb ich meine Gedanken in einem tagebuchähnlichen Bericht mit dem Titel ´Porto - meine Brückenstadt` nieder.

Das Maifest

Wenn ein Fest angesetzt worden war, waren die ganze Schüler- und Lehrerschaft aktiv. Schon ab Weihnachten des Vorjahres begannen die Planungen für ein Maifest im kommenden Jahr. So auch in der Adventszeit vor den Weihnachtsferien 1986.
Am Mittwoch, den 20.Mai 1987 fand das schon seit langem geplante Maifest statt. Veranstaltungen dieser Art wurden in jedem Jahr immer unter einem anderen Motto durchgeführt. Das diesjährige Maifest zeigte den Eltern, Schülern, Lehrern und Besuchern, was sich an der Bronkhorstschule abspielte.
Mit dem Wetter hatte man auch Glück. Keine Darbietung draußen musste ausfallen und bei gelegentlichen Regengüssen stellten sich die Zuschauer unter die überdachten Wandelgänge.
In der Aula wurde ein abwechslungsreiches Programm abgewickelt. Musikalische Beiträge wurden von der Musiklehrerin Frau W. geboten. Ferner gab es auch schauspielerische, modische und tänzerische Darbietungen. Zwischen den einzelnen Programmpunkten erschallte Disco-Musik. In den Fluren links und rechts neben der Aula konnte man Getränke kaufen und im überdachten Atrium gab es für die hungrigen Mäuler gegrillte Würstchen und einen Döner-Kebap-Stand.
Auf dem Schulhof selbst spielten sich Mofa-Vorführungen ab. Gekonnt artistische und spannende Runden wurden gezeigt. Anschließend war ein Fahrradturnier organisiert. Dabei musste man Hindernisse überwinden und umfahren. In der Tischtennisecke wurden Pflastermalerei und dahinter selbst gebastelte Brettspiele unter Anleitung des jeweiligen Fachlehrers vorgeführt.

Zu erwähnen ist noch, dass im Biologieraum ein Diavortrag über Nepal gehalten wurde, und Schüler konnten in der Aula an einem Play-Back-Singen teilnehmen. Urkunden und Preise erhielten die Bestplatzierten. Wem es wegen der Fülle der Darbietungen drinnen und draußen zu heiß geworden war, konnte sich am Eisstand neben dem Eingang eine wohlschmeckende Erfrischung kaufen. Alle Einnahmen, soweit sie die Grundkosten überstiegen, wurden der Kasse der SV zugeführt.
Planung, Vorbereitung und Durchführung und die aktive Beteiligung von Freiwilligen wurden in allen Gesprächen und nach allen Darbietungen von den Zuschauern gelobt.

Das Rosenspiel

Auf meinem Vertretungszettel stand im Lehrerzimmer eines Morgens „Vertretung 3. Stunde in der 5a". Die Klassenlehrerin war plötzlich erkrankt. Aber woher so schnell einen Unterrichtsstoff hernehmen? Da fiel mir das Rosenspiel ein. Die Schüler mussten mir Nomen nennen, die mit Rosen + Nomen ein zusammengesetztes Wort ergaben:
Rosenthal, Rosenberg, Rosenheim, Rosendorf, Rosenstrauß, Rosenhochzeit, Rosengruß, Rosenkohl und Rosenmontag.
Ich schrieb die Begriffe an die Tafel. Danach forderte ich die Schüler auf, die Wörter zu erklären. Das konnten sie aber nur teilweise. Daher protokollierte ich die Kurzfassungen und bei den übrigen Bedeutungen half ich:

    Rosenthal = Porzellan
    Rosenberg = Sängerin aus Israel
    Rosenheim = Stadt in Bayern
    Rosendorf = Seppenrade im Münsterland

Jetzt traten die ersten Schwierigkeiten auf.

    Rosenstrauß = Ein Geschenk zum Muttertag
    Rosenhochzeit = feiert man nach 10 Jahren Ehe
    Rosengruß = schenkt man bei der Rückreise
              oder wirft man als letzten Gruß ins Grab
    Rosenkohl = Gemüse
    Rosenmontag = rosen = rasen, tollen. Deshalb spricht man auch von den tollen Tagen im Karneval.

Zum Schluss meldete sich Joachim, ein kleiner, pfiffiger Knirps. „Wir haben noch eine Bedeutung vergessen." „Welche?" „Wir haben doch auch hier in Meiderich einen schönen Rosengarten. Wenn alle Rosen blühen, kann man sogar den Duft riechen. Und wenn man durch den Arkadengang kommt und stehen bleibt, dann sieht man die ganze Pracht vor sich." Die Schüler klatschten Beifall. Bravo riefen einige in die Klasse. Als Kurzfassung ergänzte ich die Information an der Tafel:

    Rosengarten = im Meidericher Stadtpark.

Gegen Ende der Stunde verteilte ich Blätter, auf denen die Schüler die Erläuterungen schreiben konnten. Zum Schluss durften sie auch Rosen darauf malen.
Einen Gedanken nahm ich aus der Vertretungsstunde mit: Warum (bei Rosen) in die Ferne schweifen, das Gute liegt so nah.

Der Lebensretter

Mein Religionsunterricht in Klasse 9 in der Bronkhorstschule bestand aus aktuellen Tagesthemen mit religiösem Hintergrund. Ich baute auch Wünsche der Schüler oder meine eigenen Ideen, die ich im Laufe der Jahre gesammelt hatte, in den Stoffplan mit ein. Manchmal hatte ich ein Lesestück in einem Buch gefunden, das ich dann zu einem Drehbuch mit den Schülern umschrieb und dann auf Super-8-Filmen oder später mit einer Videocam verfilmte.

Ich erinnere mich an den Schüler Ulrich L. Er war ein interessierter Schüler, der gerne diskutierte und mal konträre Meinungen äußerte. Dadurch entfachte er lebhafte Diskussionen im Unterricht. Solche Motivationen liebte ich. Ich legte den Schülern damals die Seligpreisungen aus der Bergpredigt vor, weil ich Wochen zuvor eine hervorragende Predigt in der Obermeidericher Kirche gehört hatte. Zunächst berichtete ich über den Kontext, damit die Schüler den Zusammenhang und den historischen Hintergrund erkannten. Dann stellte ich die Frage: Welche Bedeutung haben diese Seligpreisungen heute?
Und dann legte Ulrich los. Er störte sich besonders an den Satzanfang ‚Selig sind…'. Bedeutete selig etwa heilig? Weil in der katholischen Kirche manche Verstorbenen, berühmte Personen selig- oder heiliggesprochen worden waren? Ich verneinte: „Ersetzt die Worte ‚Selig sind' durch ‚Gerettet sind, die…'!" Und jetzt entstand wieder eine hitzige Diskussion. Die Unterrichtszeit reichte nicht aus, um zu einem Ende zu kommen. Die nächsten drei Religionsstunden waren durch dieses Thema ausgefüllt. Zu welchem Ende wir damals gekommen waren, entzieht sich heute meiner Kenntnis.

Meine Erinnerungen an Ulrich sind mit den Jahren verblasst. Seit seiner Schulentlassung haben wir uns aus den Augen verloren. Ich erfuhr über Ulrichs Lebensweg erst Ende Mai 2017, als ich seinen Vater traf. Er überreichte mir einen Text aus der Zeitschrift ‚Der Spiegel'. Nun konnte ich lesen, dass sich Ulrich dem Bundesgrenzschutz angeschlossen hatte. Der Inhalt dieses Artikels lautete:
„Vor einem Jahr war der griechische Grenzort Idomeni ein Epizentrum der Flüchtlingskrise. Jetzt patrouillieren hier deutsche Frontex-Beamte.

Sie sollen neue Grenzübertritte verhindern, sehen sich aber auch als Lebensretter."
Danach folgte ein seitenlanger Bericht über Ulrich L. und seinen Kollegen Volker J. über ihren Einsatz an der Grenze, über ihre Hilfen, wie sie Leben retten und schützen können. Dabei zeigte U. sein Mitgefühl mit den Einwohnern des Landes. Er war auch schon im Einsatz im Kosovo und in Afghanistan. Er war die Arbeit in jedem Land mit der gleichen Vorsicht angegangen, damit sein eigenes Leben nicht gefährdet war.
„Die Einsätze dauern immer nur acht Wochen", berichtete Ulrichs Vater. „Dann darf er zu seiner Familie in St. Augustin zurück, bis zum nächsten Abruf."
Ulrichs Grundgedanke „Leben retten" ist bis heute geblieben.

Der Orkan

Erinnern Sie sich noch an den Orkan, der Anfang 1990 abends über Meiderich sauste? Ich jedenfalls nicht. In der Schülerzeitung der Bronkhorst-Schule fand ich die Berichte einiger Schüler, wie sie den Orkan erlebt haben. Hier ihre Erlebnisse:
Yvonne und ihre Schwester waren allein zu Hause. Die Eltern waren ausgegangen. Um ihre Angst zu überspielen, hörten die beiden Mädchen Schlager aus dem Kassettenrekorder. Plötzlich stoppte das Band. Yvonne versuchte zu telefonieren, aber das Telefon war tot. Nach etwa 30 Minuten war der Strom wieder da.
Alexandra schrieb mit ihrer jüngeren Schwester die Schulaufgaben. Plötzlich ging das Licht der Schreibtischlampe aus. Sie zündeten eine Kerze mit einem Feuerzeug an. Aber nach einer kurzen Zeit ging das Licht wieder an. Schade. Ohne Lampenlicht, nur bei Kerzenschein war es auch mal schön.
Stefan wollte Fußball spielen gehen. Aber der Orkan hörte nicht auf. Er sah Dachziegeln von den Häusern auf die Autos fallen.
Weder das Computerspiel noch der Rekorder funktionierten. Kein Strom. Aber es gab ja den Walkman und so konnte Andy wenigstens Musik hören.
Senay musste spülen. Dann ging das Licht aus. In der Küche war es dunkel. Der Blick aus dem Fenster verriet auch, dass die Laternen nicht leuchteten. Sie fand die Stimmung gruselig.
Nursen war bei ihrer Tante zu Besuch. Mit ihrer Kusine malte sie Bilder von Landschaften. Sie setzten sich auf die Couch und warteten ängstlich, bis der Strom wiederkam.
Nur ein Schüler war schon zu Bett gegangen und war tief und fest eingeschlafen. Das Resultat sah der Träumer erst am nächsten Morgen. Abgebrochene Äste lagen auf dem Rasen vor dem Haus und entwurzelte Bäume auf den Wiesen im Nachbargarten. Von den ersten Mitschülern, die er auf dem Schulweg traf, erfuhr er von den Auswirkungen des Orkans. Da erst machte sich bei ihm der Gedanke breit, dass er eine kleine, wenn auch tragische Sensation verpasst hatte.

So einen Orkan hatte Meiderich noch nie erlebt.

Die Bodyguards von Bronkhorst

Sie trug eine Zahnspange und war auf dem Weg zum Zahnarzt. Ulrike war blond, hatte hellblaue, strahlende Augen, trug die Locken offen und lang bis zu den Schultern, war ein hübsches Mädchen, ungefähr zwölf Jahre alt und wurde Uli gerufen.

Da traf sie die drei Jahre ältere Mitschülerin Doris, gebürtige Jugoslawin, ebenfalls hübsch, mit langen, dunklen Haaren und dunkelbraunen Augen.

Eigentlich wollte Ulrike ihr aus dem Weg gehen, aber die entgegenkommende Doris schleuderte ihr die Worte ins Gesicht: „Na, du Hurenbaby," kam auf sie zu und ohrfeigte Ulrike. Uli rannte nur weg, wortlos. Sie wollte nicht antworten. Das hätte das Mobbing am nächsten Tag in der Schule nur noch verstärkt. Es reichte ihr schon das Tuscheln und Zischen in der großen Pause.

Warum machte das Doris? War es Neid? Oder weil Uli mehr von den Jungen umschwärmt werde? Jetzt nicht drüber nachdenken. Irgendwann werde sie schon eine Lösung finden, schoss ihr durch den Kopf.

Als Ulrike vom Zahnarzt zurückkam, fielen ihr die vielen schönen Erlebnisse mit ihren Klassenkameraden. An der Kreuzung traf sie Holger und Ralf. Die beiden Jungen erzählten ihr, sie seien von Ulrikes Mutter motiviert worden, dem Mobbing ein Ende zu setzen. Die Ohrfeige von Stunden zuvor bestärkte auch noch ihren Plan. Dieser Doris wollten sie schon zeigen, ‚was Sache ist'.

In der laufenden Woche passierte nichts. Die Mitschüler waren noch so sehr vom Schullandheimaufenthalt geprägt. Spiele und Sport mit ihrem Klassenlehrer, hatten die Zeit so toll und harmonisch ablaufen lassen. Außerdem hatte sich der Eindruck verstärkt, dass Ulrike in ihren Klassenlehrer verliebt wäre. –

Wenn Ulrike noch heute daran denkt, muss sie schmunzeln. Damals war es ihr peinlich gewesen. War doch etwas Wahres dran?

Am Montag der folgenden Woche – nach Schulschluss – ging Ulrike mit Holger und Ralf nach Hause. Ulrike fühlte sich wie ein Star mit Bodyguards. Da kam Doris ihnen entgegen, mit einer bandagierten Hand. Als Doris die drei Kinder sah, drehte sie sich sofort um und lief weg. Die beiden Jungen rannten hinter ihr her, holten sie aber nicht ein. Doris war in einem Seitenweg verschwunden.

Aber seitdem hatte Ulrike ihre Ruhe und das Mobbing hörte auf, zumal sich das Erlebnis am nächsten Tag in der Schule herumgesprochen hatte.

Die Geschichte wurde aus Ulrikes Erinnerungen bei StayFriends leicht verändert zusammengestellt.

Die Rettung

Am ersten Schultag nach den Sommerferien trat Kevin S. mit seiner Lehrerin vor die 9b der Bronkhorst-Schule. „Stell dich selbst vor. In der Zwischenzeit kann ich sehen, wo ich dich hinsetzen kann", sagte sie kurz. „Ich komme aus Sachsen, aus Leipzig", begann Kevin vorsichtig. „Das hört man", unterbrach ihn Michael aus der vorletzten Reihe. „Ich wohne bei meinen Eltern in der Biesenstraße." Kevin sprach jetzt leiser, um die aufkommende Unruhe zu unterdrücken. „Hey, Mann, sprich mal lauter, kommt nix rüber", warf ein anderer ein. Kevin ließ sich nicht beirren. Er schaute zur Lehrerin. „Kannst du uns kurz deine Eindrücke von Meiderich schildern, die du gewonnen hast." Kevin entschloss sich zu der kurzen Antwort: „Ich weiß zu wenig, ich wohne ja erst seit ein paar Wochen hier." „Das sieht man", konterte Michael von hinten und blickte abfällig auf Kevins verwaschene Jeans und auf das Hemd in Übergröße. „Kevin, setz dich neben Michael, der Stuhl daneben ist frei", sagte die Lehrerin. Kevin nahm vorsichtig Platz. Michael rückte beiseite. In der ersten großen Pause versuchte Kevin sich einigen Mitschülern zu nähern.

„Geh weiter, wir mögen keinen Fisch, du Hering", raunzte ihn Michael an, der mitten in einer Gruppe von Jungen stand. Mit gesenktem Kopf zog Kevin weiter. Diesen ersten Morgen hätte Kevin am liebsten vergessen. Den ganzen Vormittag fand er keinen Kontakt zu seinen Mitschülern und Mitschülerinnen. Alle schienen sich gegen ihn verschworen zu haben. Er war froh, als er am Nachmittag seine Inliner anziehen und über die Bürgersteige sausen konnte. Er fuhr an der Herzklinik vorbei bis zum hinteren Ende der Gerrickstraße, dann durch den Eisenbahntunnel ins Hafengelände. Dann bog er in die Straße ein, die bis zur Kanalbrücke führte. Auf der Brücke stand ein etwa 40-jähriger Mann, auf den Kevin zufuhr. Der Mann zeigte auf einen Körper, der gegen den Sog im Wasser kämpfte. „Wenn ich schwimmen könnte, wäre ich schon längst..."

Er hatte den Satz noch nicht zu Ende gesprochen, da hatte Kevin samt Inliner abgeschnallt, seine Jeans ausgezogen, rannte die Uferböschung hinab und sprang nur in Slip und Hemd ins Wasser. Mit schnellen Armschlägen holte er den Jungen ein, der auf dem Wasser trieb, packte ihn unter beide Arme und zog ihn an Land. Der an der Uferböschung wartende Mann half ihm dabei. Der rief über Handy den Krankenwagen.

Kurze Zeit später schlug der 12-jährige Junge die Augen auf und hauchte ein leises „Danke" in Kevins Ohr.

Kevins Vater saß an seinem Schreibtisch und sichtete die Post. Das tat er immer, wenn er von der Arbeit kam. Als Kevin in das Zimmer trat, blickte der Vater zunächst gar nicht auf. Erst als er die schmutzigen Flecken und die Wasserlachen auf dem Teppichboden sah, wurde er stutzig. Er sprang auf und eilte Kevin zum Badezimmer hinterher. „Wo kommst du denn her? Ist dir etwas passiert? Bist du in Ordnung?" fragte er besorgt. Jetzt erst kam Kevin dazu, die ganze Geschichte zu erzählen.

In der Zwischenzeit war seine Mutter vom Einkauf nach Hause gekommen. Sie hatte unterwegs beim Bäcker von der Heldentat ihres Sohnes gehört. Sie setzte sich still neben Kevin, der im Bademantel auf dem Sofa saß, und drückte ihn an sich. „Ich bin stolz auf dich." Der Vater stimmte zu. „Aber das ändert nichts an der Tatsache, dass auch ein Lebensretter Vokabeln lernen muss. Geh jetzt bitte auf dein Zimmer." Mit enttäuschter Mine stand Kevin auf. „Und ich habe gedacht, ich bekäme die Arbeit erlassen."

„Nun bleib mal auf dem Teppich. Du hast etwas getan, das notwendig war. Du hast Not abgewendet. Mehr nicht. Denk dran. Mach also in den nächsten Tagen nicht so viel Aufsehen davon, ok? Das werden schon andere genug für dich tun. Und jetzt an die Arbeit." Kevin senkte den Kopf und ging betroffen auf sein Zimmer.

Die ersten Mitschüler überholten Kevin am nächsten Morgen auf dem Schulweg. Sie begrüßten ihn mit einem freundlichen `Gut gemacht, Kevin`. Als Kevin sich dem Schultor näherte, sah er Michael schon dort warten. Der kam schnurstracks auf ihn zu und klopfte ihm auf die Schulter. „Ab heute bist du kein Hering mehr, sondern ein toller Hecht, du warst echt klasse." Michael reichte ihm die Hand. „Glückwunsch."

Als die Klassenlehrerin den Raum betrat, stieben die Mädchen von Kevins Tisch auseinander wie ein Schwarm aufgescheuchter Hühner zu ihren Plätzen. Die Jungen zogen gemächlich zu ihren Stühlen. Und Michael? Der rückte seinen Stuhl näher an Kevin heran und zwinkerte ihm zu. Kevin strahlte.

Ein neuer Name für meine Schule

Als ich 1974 nach Meiderich zog, gab es eine Realschule, zwei Gymnasien und sechs Hauptschulen.
Die Realschule lag an der Ecke Bahnhofstraße/ Bronkhorststraße, das Theodor-Heuss-Gymnasium an der Westender Straße und das Max-Planck-Gymnasium in Meiderich-Mitte.

Die Realschule und das THG wurden zu einer Gesamtschule fusioniert. Das MPG erhielt das Gebäude der Hollenberg-Schule für die Oberstufe. Diese Neuregelung war notwendig geworden, weil die Schülerzahl in den Hauptschulen drastisch zurückgegangen war. Als erstes wurde die Hauptschule „Hoher Weg" in eine Lernbehindertenschule umgewandelt. Dann musste die Hauptschule „Zoppenbrückstraße" geschlossen werden, zuletzt traf es die Schule „Wiesbadener Straße" im Hagenshof. Die Hauptschule „Gartsträucher Straße" hatte einen neuen Namen bei der Schulverwaltung in Düsseldorf beantragt und konnte sich danach „Heinrich-Böll-Schule" nennen. Bei der offiziellen Eröffnungsfeier war sogar der Sohn des Schriftstellers anwesend.

Bei einer Lehrerkonferenz in meiner Schule Anfang der 80er Jahre berichtete ein Kollege von einem Gespräch zweier Jungen, das er mitbekommen hatte. Der weiterziehende Schüler verabschiedete sich mit den Worten: „Ich gehe jetzt „auf Gesamt" und unser Schüler antwortete: „Ich bin jetzt da, ich bin hier „auf Bronkhorst".

Aufgrund dieser Aussagen stellte der Kollege den Antrag, unsere Schule, „die Städtische-Gemeinschaftshauptschule an der Bronkhorst-Straße" in „Bronkhorst-Schule" umzubenennen. 100-prozentige Zustimmung. Der Antrag wurde nach Düsseldorf weitergeleitet und nach wenigen Wochen erhielt unser Schulleiter die Genehmigung.

Unsere Schule hatte bei den Meiderichern immer schon einen guten Ruf. Die Presse lobte die Arbeit an unserer Schule, mit der Überschrift „Bronkhorst – ein Juwel". Und in der Tat begann jetzt die Blütezeit der Bronkhorst-Schule. Es wurden neue Unterrichtskonzepte geschaffen. Zu jedem Schulfach wurde eine Arbeitsgemeinschaft gegründet, die auch auf dem Zeugnis am Schuljahrsende vermerkt wurde: „Teilgenommen, mit Erfolg teilgenommen, oder „mit besonderem Erfolg teilgenommen."

So konnte bei späteren Bewerbungen der Arbeit-geber erkennen, welche Schwerpunkte sich der Schüler je nach seinem Können ausgesucht hatte.

Ich komme noch einmal auf die Aussagen der beiden Schüler zurück. Sie hatten mich noch zu der folgenden Überlegung geführt. „Welche Beweggründe mögen sie wohl dazu geführt haben, zu sagen „ich geh auf Gesamt und ich geh auf Bronkhorst? Ich kann es mir nur so erklären: „Es ist ein Unterschied, ob ich sage „ich gehe auf die Städtische Gemeinschaftshauptschule an der Bronkhorststraße" oder „ich gehe auf Bronkhorst". Die erste Formulierung klingt für einen Schüler zu lang und bedrückend. Die zweite mag wie eine gehobenere Bedeutung klingen. Der Hauptschüler fühlte sich gegenüber dem Gesamtschüler ebenbürtig. Es ist zwar nur eine Vermutung, einen Beweis kann ich dafür nicht liefern.

Eine Bilderbuch-Freundschaft

Erik M. und Horst B. besuchten beide die Bronkhorst-Schule, gingen aber beide in unterschiedliche Klassen, Erik in Klasse 6 und Horst in Klasse 8. Erik war ein drahtiger und schlanker Schüler, Horst ein kompakter und stämmiger. Erik hatte schwarzes, lockiges, Horst glattes, blondes Haar. Erik kam aus Monrovia, Horst aus Duisburg. Erik wohnte am Ende von Obermeiderich, Horst am Anfang. Sie konnten nicht gegensätzlicher sein. Bekanntlich ziehen sich Gegensätze an. Aber dazu kam es erst später.

Einmal hatten die beiden Jungen zur gleichen Zeit Unterrichtsschluss. Erik stürmte mit einer Gruppe seiner Klassenkameraden aus dem Schultor. Horst folgte ihnen langsam in großem Abstand. Er sah wie die 12-jährigen herumalberten, wie sie sich auf dem Bürgersteig hin und her stießen. Manchmal klopften sie sich auf die Schulter und lachten laut. Allen schien es großen Spaß zu machen. Plötzlich schubste einer der Jungen Erik von der Bordsteinkante auf die Fahrbahn. Erik blieb liegen, schien verletzt zu sein. Die Klassenkameraden fanden das sehr lustig. Horst aber stapfte mit schweren großen Schritten breitbeinig auf Erik zu.

Er sah in ein schmerzverzogenes Gesicht. „Haste was abgekriegt? Ist irgendwas gebrochen?", fragte er besorgt. „Irgendwo tut mir was weh, ich kann nicht auftreten", wimmerte Erik. Kurz entschlossen packte Horst den verletzten Erik, hob ihn von der Straße auf und hievte ihn auf seinen Rücken. Jetzt verstummte auch das Lachen der Herumstehenden. Aus einem simplen Spaß war bitterer Ernst geworden. Die Klassenkameraden wollten den leichtgewichtigen Erik nur mal `fliegen` sehen. Horst trug Erik bis nach Hause. Der bedankte sich mit einem Schulterklopfen.

Erik fehlte die nächsten 14 Tage in der Schule. Horst brachte ihm die Hausaufgaben oder die wichtigsten Nachrichten aus der Klasse oder Schule nach Hause. Horst lernte Eriks Familie kennen und war dort immer ein gern gesehener Gast. Als Erik wieder gehen konnte, wartete Horst schon vorm Haus. Den Rest der Straße liefen sie gemeinsam zur Schule.

Vor den Sommerferien war das Schulfest angesetzt worden. Horst und Erik meldeten sich für Aufbau- und Aufräumarbeiten als freiwillige Helfer an. Ihr Einsatz war unermüdlich. Die Schülerzeitung „Bronkhorst-Magazin-Extra" berichtete über die gesamte Freundschaft zwischen Horst und Erik. Einer der ‚Reporter-Schüler' erfand für die beiden Jungen neue Namen. Horst B. und Erik M. wurden umbenannt in Bronk Horst und Meid Erich. Damit waren zwei Kultfiguren geschaffen worden, die ihre Neuigkeiten, Meinungen und Erlebnisse von Bronkhorst in Meiderich schilderten.

Diese beiden Namen wurden auch immer noch in der Schülerzeitung erwähnt, als Horst B. und Erich M. die Schule längst verlassen hatten. Horst Bronk und Erich Meid gehörten einfach zusammen wie Bronkhorst und Meiderich.

Was aus ihnen geworden ist? Man weiß es nicht. Vielleicht bleibt uns nur die Erinnerung an beide:
An die Bronkhorst-Schule und an geschlossene Freundschaften in Meiderich.

Eine kinderreiche, türkische Familie

Gestatten Sie mir, von dieser Familie zu berichten. Der Hausname lautet auf Deutsch übersetzt Nimmkomm. Ein für uns Deutsche ungewöhnlicher Name, aber ein bedeutungsvoller und sinnträchtiger Name.
Während meiner dreißigjährigen Dienstzeit an der Bronkhorst-Schule hatte ich zwei Mädchen dieser Familie als Fachlehrer unterrichtet: Fatma und Yeter.

Die anderen fünf Mädchen hatte ich nie kennengelernt. Aber ich hatte von Yeter erfahren, dass sieben Mädchen zu Hause wohnten. Fatma war damals 14 Jahre alt und Yeter 12 Jahre. Wenn ich die beiden auf den Straßen in Meiderich traf, grüßten sie immer freundlich, denn der Lehrer galt für sie als Respektperson.

Irgendwann hatte mir Yeter einmal die Bedeutung ihrer Vornamen erzählt. Fatma, das Schicksal, und Yeter, die Jüngste der sieben Mädchen bedeute „Schluss jetzt". Ich erinnere mich noch genau an ihre blitzenden Augen unter dem langen schwarzen Haar. Und sie sah in mein erstauntes Gesicht und lachte mich an.

Yeter war ein hübsches Kind, so wie alle ihre Schwestern. Ich hatte die Eltern auf Elternsprechtagen kennengelernt und in einfachstem Deutsch konnte ich ihnen die guten Leistungen ihrer Tochter erklären. Stolz sagte mir ihr Vater: „Herr Lehrer, das Fleisch meiner Kinder gehört dir, aber ihre Knochen gehören uns. ‚Nimm' unsere Kinder so wie sie sind, verbiege sie nicht oder zerbreche sie auch nicht, du hast alle Freiheiten sie zu unterrichten oder ihren Wissensstand zu erweitern. Aber ´kommt` unser Kind nach Hause, dann sind wir dazu da, Probleme zu lösen oder sie zu erziehen Das ist die Aufgabe der Familie."
In dieser Aussage steckt schon der Name „Nimm komm".

Noch mal zurück zu Yeter. Warum hatte sie gelacht? Den Grund erfuhr ich erst 25 Jahre später. Ich hatte einen pensionierten Kollegen getroffen, und der erzählte mir, dass die Familienerweiterung doch noch nicht abgeschlossen war, trotz „Schluss jetzt". Denn es kam ein achtes Kind auf die Welt. Heute würde ich sagen, getreu nach dem Motto: Wir nehmen was kommt. Typisch Nimmkomm. Und es erblickten noch zwei weitere Jungen das Licht der Welt.

Ob noch mehr Kinder in die Familie hineingewachsen sind, wussten wir beiden Kollegen nicht. Wir haben die Familie nie wiedergesehen, denn wir waren ja beide in Pension gegangen.

Obwohl ich heute immer noch in Meiderich wohne, ist mir keiner der Familie Nimmkomm je begegnet. Darum heißt es jetzt für mich „yeter"= Schluss jetzt.

Erkans Jugenderinnerungen

Auf dem Weg zum Meidericher Bahnhof traf ich Erkan, einen ehemaligen Schüler der Bronkhorst-Schule. Schon nach wenigen Sätzen schwelgten wir in Erinnerungen. Ich erzählte ihm von meinem Hobby, Geschichten schreiben über Meiderich.

„Oh, da kann ich Ihnen viel erzählen", begann Erkan. „Ich fange mal damit an, als meine Eltern Anfang der 70er Jahre nach Deutschland kamen. Sie kamen aus der Türkei, wohnten bis dahin auf dem Land und arbeiteten als Bauern. Sie waren nach Deutschland ausgewandert, nur um Geld zu verdienen. Dann wollten sie wieder in die Türkei zurückfliegen, um dort zu arbeiten und zu leben.

Ende 1970 wurde ich geboren. Meinen Eltern gefiel es in Meiderich so gut, dass sie bis heute hiergeblieben sind. An meine Kindheit erinnere ich mich gern, ich fand in der ‚Türkenkolonie' schnell Freunde. Wir hatten viel Spaß miteinander. Und eines Tages erfuhr ich die wahre Bedeutung von Taschengeld. Bisher hatte ich geglaubt, das sei Geld, das man nur in die Hosentasche steckt. Aber mein Freund hatte eine Idee. Wir sammelten Blechdosen von Gemüse, Milchdöschen und Aludosen von Getränken.

Diese brachten wir zu einem Schrotthändler. Der Müllsack war voll mit plattgetretenen Blechdosen und ganz schön schwer. Dafür bekamen wir 7 Pfennige. ‚Jetzt haben wir unser eigenes Taschengeld', sagte mein Freund. Ab da wurde mir die Bedeutung von Taschengeld bewusst. Das war unser erstes eigenes Geld. Zuhause hätte ich das nie bekommen. Wir liefen schnell zur Trinkhalle an unserer Straßenecke und kauften für die 7 Pfennige 14 Veilchenpastillen. Wir waren stolz. Das machten wir jetzt immer öfters."

Ich fragte weiter: „Was hat denn deine Familie in den ersten Jahren hier erlebt?" „Meine Eltern gingen nie in ein Möbelgeschäft. Am Abend zog mein Vater mit einem Handkarren durch die Straßen von Meiderich. Der Wagen war voll beladen, mal mit einer Kommode, mal mit Stühlen und Sesseln. Alles konnten wir gebrauchen. Unsere damalige Wohnung bestand aus drei Zimmern, einer Wohnküche, einem Schlafzimmer und einem Kinderzimmer für mich und meinen Bruder. Das Kinderzimmer hatte zwei Fenster. Unser Vater hämmerte zwei große Nägel in die gegenüberliegenden Wände und spannte daran eine Wäscheleine. Über diese Leine hängte er zwei Bettlaken, so dass jeder von uns sein eigenes Reich mit je einem Fenster hatte. Ich schlief auf einer Matratze, mit einem Sofakissen und einer Wolldecke. An Mobiliar stand jedem von uns eine große Konsole, ein Tisch und ein Stuhl zur Verfügung. Wenn wir später aus der Schule heimkamen, konnten wir daran essen und anschließend unsere Schulaufgaben erledigen. Neue Möbel haben wir in jungen Jahren nie bekommen.

Wir haben zeitweise unsere Eltern als geizig angesehen. Später erst haben wir die Vorteile ihrer Ersparnisse erkannt. Wir Kinder liefen auch oft nach der Schule über die Von-der-Mark-Straße. Das war zwar ein Umweg, und wenn wir dann verspätet nach Hause kamen, fragte Mutter: Wo wart ihr denn? Und wir antworteten immer ehrlich, wir waren auf Bazar. Uns kam diese Straße immer wie ein Bazar in einer großen Stadt in der Türkei vor. Noch eins fällt mir ein, wir wurden in der Grundschule immer Türkenesel genannt, auf Türkisch hieß das immer Türk eshek. Woran das gelegen hat, weiß ich nicht. Können Sie das erklären?"

Ich überlegte und antwortete: „Ich kenne ein Lied, das Grundschulkinder früher gesungen haben. Iiih Aaah Esel, kannst nicht lesen, kannst nicht schreiben, wirst wohl einmal sitzenbleiben. Hattest du Schwierigkeiten, deutsch zu lernen?"

Erkan runzelte die Stirn. Er nutzte die Zeit, um sich zu beruhigen und zu überlegen. „Ja anfangs schon, aber ich wollte kein Esel bleiben und war ehrgeizig. Später, als ich auf Bronkhorst war, wurde ich immer besser und brachte nur gute Noten nach Hause. Also, alles in allem, war und bin ich mit meinem Leben zufrieden."

Das war ein gutes Schlusswort. Ich dankte Erkan für seine freien Äußerungen. Für mich war das ein Zeichen, wie vertrauensvoll das Verhältnis zwischen Lehrer und Schüler bis heute geblieben ist, selbst noch nach über 20 Jahren.

Es geht auch mal anders

Als Klassenlehrer einer achten Klasse hatte ich die Gelegenheit, vier Stunden hintereinander in meiner Klasse zu unterrichten. Da ist es nicht immer einfach, die Schüler bei Laune zu halten. Da hatte ich die Idee, den großen Parkplatz vor REAL in Obermeiderich aufzusuchen. Ich meldete meine Klasse bei der Schulleitung ab. Folgende Aufgabe sollten die Schüler erfüllen:

Sie mussten Autokennzeichen notieren. Wichtig waren die ersten Buchstaben, die mit den nachfolgenden zu einem Wort in englischer Sprache zu verbinden waren. (z.B. DU-ST = Staub).
24 Schüler bildeten sechs Gruppen a vier Personen. Dabei durfte auch das angrenzende Wohngebiet mit einbezogen werden. Wichtig war vor allen Dingen, dass die Zeit des Suchens und Aufschreibens eingehalten wurde.

70 Minuten. Zweimal eine halbe Stunde für Hin- und Rückweg. Dann mussten sich alle wieder vor dem Zaun neben der Einfahrt zum Parkplatz einfinden. Man könnte jetzt meinen, dass das ein waghalsiges Unterfangen mit Hauptschülern sei. Aber ich wusste, dass ich meinen Schülern voll vertrauen konnte. Aber was sollte schon passieren? Allenfalls, dass sie ohne Aufsicht des Lehrers sich eine Zigarette anstecken würden?! Oder dass sie sich als Grüppchen auf einer Bank ausruhen, um ein Quätschchen zu halten und damit die eigentliche Aufgabe für einen Moment unterbrachen?

Ein Schmankerl hatte ich mir noch ausgedacht. Die ersten Drei, die die meisten Wörter gefunden hatten, würden von mir ein Eis spendiert bekommen, für die anderen hatte ich kleine Süßigkeiten in meinem Rucksack verstaut. Aber davon sagte ich den Schülern nichts. Nach 70 Minuten war auch die letzte Gruppe eingetroffen. Ich lobte ihren Einsatz und ihre Pünktlichkeit. Danach sammelte ich ihre Zettel mit den Wörtern und ihren Namen versehen ein, mit dem Hinweis, ich würde sie auf dem Rückweg kontrollieren, ob es diese Wörter auch gebe.

Natürlich umringten mich zwischendurch einige Schüler, um das Ergebnis schon vorzeitig zu erfahren, aber ich schob sie beiseite. In der Bronkhorstschule angekommen stand das Ergebnis fest. Holger und seine

Gruppe hatten 30 Wörter gefunden, Sermins 27 und Thomas Gruppe 25 Begriffe. Die Wörter waren großenteils identisch, aber immerhin hatte die Schar mit den meisten Wörtern diese als richtig englische Wörter identifiziert.

Und jetzt, lieber Leser, möchten Sie natürlich wissen, um welche Wörter es sich handelte? Hier kommen sie:

DU-TY; DU-LL; DU-EL; DU-ST; DU-MB; DU-KE; DU-SK; DU-AL; DU-NE;
DO-T; DO-LL; DO-G;
DI-P; D-AY; D-EW; D-AD;
E-AR; E-AT; E-GG; E-YE;   GE-T;
K-EN; K-ID; MO-O; MO-B; MO-AN; MO-M;
MO-VE; WES-T

Und ganz besonders stolz war Holgers Gruppe dieses Kennzeichen gefunden zu haben:
LO-VE.

Aber hier endete das Erlebnis noch nicht. Danach teilte ich den Schülern die Siegerehrung mit Preisverteilung mit. Jubel brach aus, und alle waren zufrieden.

Zwei Tage später teilte ich den Schülern ein Arbeitsblatt mit den Autowörtern aus.

Ihre Aufgabe bestand jetzt darin, die deutsche Bedeutung aus den Schülerlexika herauszuschreiben. Anschließend sammelte ich die Blätter wieder ein.

In der nächsten Englischstunde verteilte ich wieder ein Arbeitsblatt mit den Wörtern aus, mal in Englisch, mal in Deutsch, mal mussten vorgegebene deutsche den englischen Wörtern zugeordnet werden. Jetzt mussten die Schüler die entsprechende Bedeutung auswendig hinschreiben. Der Erfolg und das Ergebnis waren riesig. „So müssten wir immer Vokabeln lernen können", lautete Sermins Kommentar.

Ich bin doch ein Meidericher

Als ich in den Siebziger Jahren auf der Bronkhorst-Schule unterrichtete, wohnte damals nur vier Kollegen des Kollegiums in Meiderich, die übrigen 26 in den Nachbarstädten Mülheim, Oberhausen, Dinslaken, am linken Niederrhein oder in Duisburg Stadtmitte. Die wichtigste Person, unsere Schulsekretärin Heidi F. wohnte in Mittelmeiderich. Sie kannte alle Schüler, viele persönlich, andere nur aus den Karteikarten. Wer sie beim Einkauf, bei Besorgungen oder Terminen traf, der grüßte und Heidi lächelte mit einem freundlichen ‚Hi' zurück.

Dass wir eine offene Schule waren, zeigte sich bei vielen Aktivitäten. Wir luden alle umliegenden Schulen ein, wenn wir Sommerfeste, Schulfeste, Theateraufführungen und Kollegentreffs zwecks eines pädagogischen Erfahrungsaustausches veranstalteten. Der Fachlehrer für Englisch Wolfgang hatte während eines Aufenthaltes in England eine Kollegengruppe aus Northampton kennengelernt. Aus dieser Verbindung entstand ein Schüleraustausch mit einer englischen Klasse und der deutschen 10B. Ein erfolgreiches Unterfangen zur Bereicherung des Deutschunterrichts in England und des Englischunterrichts bei uns.

Als das englische Kollegium das 20-jährige Bestehen ihrer Schule feierte, wurde unser Kollegium eingeladen, einschließlich unserer Schulsekretärin. Begründung: Obwohl sie keine Unterrichtskraft sei, hätte sie mit der Organisation der Reise die meiste Arbeit zu leisten gehabt, z.B. Telefonate führen, Informationen weiterleiten, Termine absprechen und Fahrpläne aussuchen. Vierzehn Lehrer und Heidi F. entschieden sich für den Besuch. Heidi hatte herausgefunden, Flug und Unterkünfte waren preiswerter und schneller als Fahrt mit Bustransfer und Fähre.

Wir trafen uns am Düsseldorfer Flughafen, checkten gemeinsam ein und bekamen zusammenhängende Sitzplätze. Als Heidi ihren Platz im Flieger eingenommen hatte, sagte sie zu ihrer Nachbarin: „Vorne in der ersten Reihe sitzt ein Mann, den kenne ich. Ich weiß nur nicht woher." „Wenn du gleich zur Toilette gehst, dann schau ihn dir genauer an." Gesagt, getan. „Als ich aus der Türe kam, habe ich ihn angelächelt, und stell dir vor, er hat nicht einmal zurück gelächelt." „Dann geh doch noch ein zweites Mal nach vorn. Täusche vor, als würdest du deine Jacke reinigen wollen. Sieh dir den Mann bei deiner Rückkehr genauer an." Gesagt, getan. Mit einem erbosten Gesichtsausdruck teilte Heidi mit: „Den kenne ich, und wen ich kenne, der kennt mich auch und zeigt das entweder mit einem Kopfnicken oder mit einem Lächeln. Ich habe den Mann schon mal irgendwo in Meiderich gesehen, und er mich auch. Er muss mich kennen. Ich bin doch ein Meidericher." „Ok. Ich werde es überprüfen", grinste die Kollegin. Kurz darauf kam sie zurück und lachte: „Ja, sicher kennst du den Herrn, aber nicht aus Meiderich, sondern aus dem Fernseher. Weißt du, wer das ist?" „Nein." „Das ist der Moderator von Bio's Bahnhof."

Über dieses Erlebnis wurde noch lange im Kollegium geredet und gelacht.

Keine Hoffnung mehr

Gedankenverloren blickte die Klassenlehrerin der 6b auf das DIN A 3 große Foto mit dem Trauerflor an der Seite in der evangelischen Kirche auf der Emilstraße. Das auf einer Stellage aufgestellte Bild zeigte den Schüler Martin F. Die Lehrerin starrte auf dessen Gesicht und sah von dessen Haar über seine Stirn in die funkelnden dunklen Augen und dann auf die schmalen Lippen, die ein leichtes verschmitztes Lächeln andeuteten. Vor ihrem geistigen Auge rollten die Schulerlebnisse mit Martin ab. Die Worte des Pfarrers rauschten an ihren Ohren vorbei. Zu sehr war sie mit den Fragen beschäftigt: Warum wirft ein 12-jähriger Junge sein Leben einfach so weg? Und bestand wirklich keine Hoffnung mehr, sein Leben zu retten? Sie fand keine Antworten. Auf dem Friedhof auf der Bügelstraße wartete die ganze Klasse. Alle Mitschüler wollten bei der Beerdigungsszene dabei sein. Leise, mit feuchten Augen und naseschniefend verfolgten sie den Ablauf, bis der kleine weiße Sarg ins Grab gesenkt wurde.

Aus der Tagespresse hatte die Lehrerin erst den Unfall erfahren. Martin und mehrere seiner Freunde hatten am ersten Tag der Herbstferien auf dem Güterbahnhof der Ruhrorter Häfen gespielt. Sie waren auf den Bahndamm hinter einer Unterführung gestiegen, dann bis zum Stellwerkhäuschen auf das Bahngelände gelaufen. Dort stand ein Güterzug mit Schüttgut beladen. Martin war auf einen der Waggons geklettert. Er war somit in das elektrische Stromfeld der über ihm laufenden Stromleitung mit 15000 Volt zu nahegekommen. Ein Freund hatte einen lauten Knall gehört. Der fand später nach langem Suchen den lebensgefährlich verbrannten Martin in einem Seitengraben. Der Freund rief sofort den Rettungswagen. Der völlig verstörte Freund wurde dann vom Rettungswagen ins Krankenhaus gebracht. Martin hingegen wurde mit einem Hubschrauber zur Hauttransplantation in die Kölner Uni-Klinik geflogen. Was die Jungen angetrieben hatte, dort auf dem Bahngelände zu spielen, war nicht erfahren gewesen.

War es Neugier, Abenteuer- oder Entdeckerlust? Aber noch hatten alle Verletzten gelebt. Martin aber erlag seinen Verletzungen und wurde am 27. Oktober 1989 beerdigt. Die Hoffnung starb zuletzt.

Lieber Hakan!

In den Klassen 10 A+B im Jahr 1984 habe ich mit Schülern der Evgl. Religionsgruppe ein aktuelles Thema aufgegriffen. Den Inhalt stellten sie als Rollenspiel oder später als Drehbuch zusammen. Verarbeitet wurden „Krankheit und Tod", „Glaube und Leben" und „Freundschaft und Liebe".

Auslöser des letzten Themas „Freundschaft und Liebe" war ein Erlebnis der Schülerin Esther. Ihre Freundin hatte sich in einen türkischen Jungen verliebt. Esther berichtete von den Schwierigkeiten des Paares und deren Lösungswege.

Meine Religionsgruppe biss sofort an. Das wäre eine filmreife Story, war die einhellige Meinung. Aber es müssten auch andere Lösungs-wege möglich oder erlaubt sein, als das reale Paar gefunden hätte.
Zunächst ging es an die Rollenverteilung. Esther sollte die Rolle der Freundin übernehmen, der deutsche Gegenpart war für Dirk gedacht. Aber wer sollte den Türken spielen. Esther schlug sofort Sezer vor. „Er ist im Türkisch-Deutsch-Kurs, der parallel zu unserem Religionskurs läuft. Wir beantragen eine Freistellung. Außerdem ist er hübsch." Mitschülerinnen und Mitschüler grinsten. Aber sie stimmten zu. Gesucht wurden noch der deutsche Vater und die türkische Mutter. Gefunden hatten wir den Referendar unserer Schule, der auch zusagte. Eine Mutter fanden wir nicht. Also blieb es dabei, dass Sezer nur in Gesprächen von den Stellungnahmen seiner Mutter erzählen musste. Alle anderen Teilnehmer sollten immer zu viert das Pro und Kontra der Beziehung zwischen einem deutschen Mädchen und einen türkischen Jungen kommentieren.

So bildeten sich drei Vierergruppen. Zwei Schüler erklärten sich bereit die Kamera zu führen, und die Regie und Auswahl der Schauplätze übernahm ich.

Nach fünf Wochen war das Drehbuch mit den Dialogen fertig. Das Sprechen der Dialoge nahm nochmal zwei Wochen in Anspruch. Die Zeit war deshalb so lang geworden, da der Religionsunterricht in der 10.Klasse nur ein Mal pro Woche stattfand, dafür allerdings doppelstündig.

Es wurde zwischendurch heftig diskutiert. Neuvorschläge wurden gemacht, Ablehnungen vorgetragen oder Zustimmungen gegeben. Aber es wurde auch oft gelacht, was die Probezeit verlängerte.

Für etliche Schüler waren die Informationen über Muslime und den Islam neu. Manche hatten sich gar keine Gedanken gemacht über deren Kultur. Lebensweisen oder Gewohnheiten. Besonders der Aufenthalt der Muslime in einer Moschee war für einige befremdend. Die Männer beteten liegend unten in der Halle. Frauen durften nur auf der Galerie aufhalten. Nach der Zeremonie hatten die Frauen immer drei Schritte hinter ihren Männern zu gehen. Beeindruckend aber fand die Religionsgruppe den starken Zusammenhalt in der Familie. Einengend hielten sie die Bestimmungen für die Frau, nur für den Haushalt zuständig zu sein, während die Männer in den türkischen Cafés diskutieren konnten.
Alles diese Argumente wurden in den Dialogen des Films für Pro und Kontra eingebaut.

Aber festzuhalten war, dass die Toleranz und der Respekt zu Muslimen oder Andersgläubigen sich erweitert hatten.

Wie war die Bewusstseinsveränderung entstanden? Esther hatte die Liebe zu Sezer, der jetzt im Film Hakan hieß, zum ersten Mal erlebt. Es reizte sie die Neuerfahrung, das Erleben. Aber war es Liebe? Erst als die Dirk auf einem Schulfest kennenlernt, erkennt sie die Freundschaft, das Vertrauen und die Berührungen eines Jungen.
Nach vielen Irrungen und Wirrungen in ihrem Umfeld hält sie es für die ideale Lösung, Hakan einen Brief zu schreiben, in dem sie ihre Gründe einer Trennung darlegt.
Darum „Lieber Hakan".
Uns war bewusst, dass es nicht die optimale Lösung war, aber eine bessere, um einen nachdenkenswerten Neuanfang zu starten.

Özlem

Da saß sie nun vor mir. Sie blickte mich als ihren neuen Lehrer erwartungsvoll an. Ich hatte die Klasse als Musiklehrer übernommen. Um uns kennenzulernen, stellten wir uns einzeln vor mit Vornamen nennen und welche Liebe zur Musik, darum hatte ich gebeten. Die meisten Schüler und Schülerinnen liebten Popmusik und Schlager, einige Heavy Metal, wenige Klassik und die türkischen Kinder türkische Folklore.

Dann kam die Reihe an sie. „Ich heiße Özlem, bin das vierte Mädchen einer türkischen Familie. Warum ich so heiße, erzähle ich Ihnen in der Pause. Ich liebe türkische Folklore und tanze dazu sehr gerne", gab sie offen zu. Keiner lachte, viele schauten sie ernst an, andere nickten lächelnd. Danach stellte ich meine Pläne für das Fach Musik vor, bis hin zur Kontrolle durch Tests. Die Schüler akzeptierten meine Ideen. Die Zeit verging wie im Flug. In der Hofpause kam Özlem auf mich zu. Sie schaute zu mir hoch und lächelte mich an: „Na, habe ich sie neugierig gemacht?" Ich schüttelte den Kopf. Sie lachte. „Ok. Mein Vater nannte mich Özlem. Özlem heißt Sehnsucht. Meine Eltern sehnten sich immer nach einem Sohn, aber es blieb bei uns Mädchen", gestand sie. Über so viel Offenheit war ich sehr überrascht. Ich bestätigte ihren schönen Namen mit den Worten: „Wir Deutsche kennen auch das Gefühl der Sehnsucht. Aber mehr in Verbindung mit Reisen in ferne Länder. Daher, Özlem, kannst du stolz auf deine Eltern sein. Sie haben dich mit all ihren Gedanken und Wünschen geliebt und haben sich nicht gescheut, dies öffentlich zu machen." Wieder dieses Lächeln.

Wie sehr der Name Özlem und die Namensträgerin beliebt waren, zeigte sich daran, dass mein Kollege Wolfgang M. ein Lied über irgendeine Özlem getextet und komponiert hat. Der Kollege leitete die AG Schülerband. Der Text löste große Diskussionen aus. Begeisterung, Zustimmung und auch Kritik machten die Runde.

Mein Name ist Özlem, auf Deutsch „Sehnsucht". Ich bin in Deutschland geboren und aufgewachsen. Freunde, ihr wisst, ich kann eure Sprache sprechen, in dieser Sprache Lieder singen. Aber ich darf nicht mit euch spielen, weil ich hier eine Ausländerin bin. Ich weiß, liebe Freunde, für euch macht das keinen Unterschied, ihr würdet mich grüßen und unter euch aufnehmen. Aber die Erwachsenen lassen es nicht zu, weil sie Angst

vor der Brüderlichkeit haben. Ach, macht euch nichts draus, ich habe schon einen Weg gefunden. Ich male oft schöne Bilder, auf denen ich mit euch spiele und darunter schreibe ich immer Özlem.
Was aus Özlem geworden ist, entzieht sich meiner Kenntnis. Ich weiß auch nicht, wo sie heute wohnt. Ich hätte es gern gewusst. So bleibt auch in mir nur eine Özlem = eine Sehnsucht.
Religionsunterricht einmal anders.
Fast 20 Jahre hatte ich schon mit den Kollegen der Bronkhorstschule zusammengearbeitet. In den Pausen, auf Konferenzen und Fortbildungen hatten wir Erlebnisse, Erfahrungen und sogar Unterrichtsentwürfe ausgetauscht. Dass so ein Vertrauensverhältnis vorlag, lag daran, dass wir 1993 mehr oder weniger alle das gleiche Alter besaßen. So berichtete mir eine Kollegin von einer Religionsstunde mit dem Thema „Sich ärgern".
Auf die Frage, was hat dich heute gefreut, geärgert oder betrübt gemacht, hatten die Schüler offen geantwortet. Und so konnte die Lehrerin die Aussagen sammeln und ordnen. In eine Art Sammelbecken wurde der Ärger gesammelt. Die Äußerungen der Schüler mussten jetzt nur den Fragen zugeordnet werden: Wann wirst du ärgerlich? Was fühlst du dann in deinem Körper? Was machst du, wenn du sehr ärgerlich bist? Wenn du jemanden ärgern willst, was machst du dann? Unter allen Aussagen wurde die Sammlung ausgewertet: 'Zeige ich meinen Ärger leicht oder tue ich mich schwer damit? Gestehe ich mir den Ärger ein oder unterdrücke ich ihn? Wie werde ich meinen Ärger wieder los? Kann ich es aushalten, wenn andere mir ihren Ärger zeigen? Was will ich von dem, den ich ärgere?
Der Bericht der Kollegin endete damit, dass die Schüler sehr ehrlich untereinander ein Gespräch geführt hatten. Sie hatten sich engagiert, weil sie von sich selbst sprechen durften. Sie hatten erkannt, dass sie nur auf den Menschen wirklich starken Ärger entwickeln würden, wenn ihnen an dem etwas liegt. Sie ärgerten sich nicht nachhaltig über Leute, die ihnen gleichgültig sind.
Diese Darlegung eines Religionsunterrichts war für mich eine neue Konzeption, wie ich sie bis dahin noch nie gelesen oder gehört hatte.
Religionsunterricht als Hilfe für Lebens und Konfliktbewältigung. Für Lehrer und Schüler eine Bereicherung.

Schwimmbad Borkhofen

Ende der Siebziger Jahre hatte ich den Religionsunterricht im 10.Jahrgang übernommen. Die Unterrichtsform lautete damals „Projektarbeit", d.h. wir Lehrer sollten nicht mehr einzelne Religionsstunden erteilen, sondern wochenlang ein Thema besprechen. Die Schüler machten zu Beginn mehrere Vorschläge. Wir einigten uns auf das Thema ´Sünde und Vergebung`. Die Diskussionen verliefen kontrovers. Aber ein Schüler brachte es auf den Punkt. „Wir haben von anderen Mitschülern erfahren, dass Sie Spielfilme mit einer Super-8-Kamera erstellen. So einen Film könnten wir doch auch bei unserem Thema drehen", lautete sein Wunsch. Die Schüler klatschten vor Begeisterung als Zeichen der Zustimmung. Schnell wurde eine Handlung erfunden, dazu ein Drehbuch geschrieben und die Rollen verteilt. Aber irgendwie fehlte noch ein Knaller. Irgendwann hatte ich die Idee der Sündenwaschung. Das erinnerte mich an die Taufe Jesu im Jordan und die Fußwaschung der Jünger. Ich weiß nicht mehr, um welches Vergehen es in unserem Film ging, aber mir schoss durch den Kopf, man könne doch den Hauptdarsteller im Schwimmbad Borkhofen tauchen lassen, um so seinen Fehler wegzuspülen. Nicht alle Schüler waren mit der Szene einverstanden, aber die meisten stimmten zu. Aber jetzt begann die Prozedur: Anmelden beim Bezirksamt. Warten auf die Drehgenehmigung. Bewilligt. Meldung an die Hallenbaddirektion. Option: Information an den Bademeister. Von ihm erfuhren wir, dass keine Badegäste gefilmt werden durften. Aus Datenschutzgründen. Daraus ergab sich, dass unsere Filmaufnahmen nur morgens um sieben Uhr stattfinden konnten. Einverstanden. Alle 12 Schüler meiner Religionsgruppe standen am Beckenrand. Drei fremde Schwimmer zogen ihre Bahnen in dem freigegebenen Schwimmareal. Uns wurde die äußere Bahn mit dem Sprungbrett zugewiesen. Die Szene vom Sprungbrett ins Wasser wurde zweimal geprobt, beim dritten Mal war sie „im Kasten". Pünktlich um 8 Uhr erreichten wir die Bronkhorst-Schule.
Den Film stellten wir später Parallelklassen vor. Die Begeisterung war groß. Noch Jahre danach habe ich von der Verfilmung dieses Projekts profitiert. Und dann wurde von der Schule eine Videokamera gekauft und viele neue Projekte konnten verfilmt werden.

TV aktuell – im Jahr 1989

Immer, wenn ich Pausenaufsicht hatte, nutzte ich die Gelegenheit, Schüler anzusprechen. Ich fragte sie nach ihrer Freizeitgestaltung und nach ihren Fernsehgewohnheiten. Später erweiterte ich die Befragung bei vorbeieilenden Schülern in den Straßen von Meiderich. Ich notierte mir dann die Serien, und nach einiger Zeit stellte ich aus all diesen Titeln eine lustige Geschichte zusammen, die ich später in der Schülerzeitung veröffentlichen ließ. Da ich Schüler aus unterschiedlichen Klassen befragt hatte, kamen sowohl Titel aus dem Nachmittags- als auch aus dem Vorabend- und Abendprogramm zusammen. Daraus entstanden auch drei verschiedene Geschichten: Fernsehen und die Aktuelle Stunde. Erinnert ihr euch noch daran?
Derrick wurde angeschossen. Der siebte Sinn gab ihm den Rat, sich in die Schwarzwaldklinik zu legen, und dass der Alte nach dessen Entlassung beschützen sollte. Für Derrick war das zum ersten Mal ein Fall für zwei. Derrick konnte nicht mehr in der Stadt bleiben. Er löste seine Wohnung in der Lindenstraße auf, verkaufte sein Auto mit dem Kennzeichen D und der Autonummer SO-KO 5113 Er wollte dann nur noch als Eurocop in der Sesamstraße wohnen. Seine Nachbarn waren die Agentin mit Herz und die Wicherts von nebenan. Gegenüber hatte der Landarzt seine Praxis Bülowbogen eröffnet. Das Leben aber war dort hart, aber herzlich. Manchmal trank er mit dem 6 Millionen Dollar Mann eine Berliner Weiße mit Schuss. Der Chef, oder auch der Fatman genannt, sorgte dafür, dass er bald umziehen konnte.
Hier die Geschichte Nr. 2:
Ein Tag wie kein anderer / Karlchen wachte mittwochs in seinem Bett auf. Seine 7 Millionen Dollar Frau flüsterte ihm ein leises Hallo Europa und guten Morgen Deutschland ins Ohr. Fröhlich wie ein Lila-Laune-Bär ging er ins Bad, stürzte sich Hals über Kopf und dachte über den Spaß am Dienstag nach, Ein Blick in den Länderspiegel, dass es Zeit zum Rasieren war. Er nahm den Elektrorasierer Remington Steel. Dann ging er zurück ins Schlafzimmer. Seine Frau schlief wieder. Sie hing noch den Nachtgedanken nach. Gab es noch eine Chance für die Liebe? Er unterbrach ihren Traum mit dem Rufen Kaum zu glauben. Danach wurde gefrühstückt. Er rief seinen Hund Lassie. Der brachte ihm jeden Morgen das Männermagazin mit Fotos vom Denver-Clan. Karlchen brach danach

auf, packte seine Arbeitstasche mit Molle und Korn, stieg auf sein Glücksrad und machte sich auf Achse. Seine Frau winkte ihm noch zu fuhr er auf und davon. An seiner Arbeitsstätte wurde Karlchen von seinem Freund Matlock, dem Rechtsanwalt, begrüßt, der aus Dallas zurückgekehrt war.
So beginnt die 3. Geschichte:
Matlock wollte noch Anna verteidigen und danach Dennis, dem Opfer einer Crimestory. Die Spezialisten mussten auch noch gehört werden. Im Studio 1 traf Karlchen dann Familie Feuerstein und die Männer von K1. Als er den Saal verließ, traf er die Kinder von Bullerbü, die zu Frankensteins Tante wollten. Nach einem kurzen Hallo ging Karlchen zurück an seinen Arbeitsplatz zurück, las noch einen Artikel über den Tatort im Buschkrankenhaus. Dann schlug er die Akte XY zu. Ein abwechslungsreicher Tag ging zu Ende.

Abschlussfahrten nach Langeoog

Die erfolgreiche Abschlussfahrt meiner 10.Klasse hatte sich in der Schule herumgesprochen. Jetzt sprachen mich Kollegen und Kolleginnen an, ob ich solch eine Fahrt mit ihrer Klasse auch einmal organisieren könnte. Ich sagte zu.

Allerdings erinnere ich mich nicht mehr, in welchen Jahren ich als Begleitperson eingesetzt wurde. Aber die Schulleitung der Bronkhorstschule stimmte zu, da man in mir immer den Inselexperten sah, der ja schon seit mehreren Jahren die Insel zum eigenen Urlaubsort erkoren hatte.

Auch die Kollegen und Kolleginnen waren begeistert. Immerhin konnte ich für eine Woche das Programm erstellen, und sie brauchten nur die Aufsichten bei den Mahlzeiten, bei den Ausflügen und in der Nacht führen. Ich erinnere mich, dass ich insgesamt drei Mal solche Abschlussfahrten mitgestaltet hatte. Den Ablauf der Erkundungen auf der Insel habe ich bereit vorgestellt.

In der jetzigen Geschichte beschränke ich mich auf die Highlights, die wir Kollegen erleben durften, und die bei allen einen bleibenden Eindruck hinterlassen haben.

Während eines Inselaufenthaltes hatte ich Geburtstag. Morgens beim Frühstück wurde mir ein Ständchen geboten, alle sangen aus Leibeskräften `Happy Birthday`. Anschließend kam Ali mit einem Briefumschlag zu mir auf mein Zimmer. „Wir haben uns eine Überraschung für Sie ausgedacht. Wir hoffen, sie gefällt Ihnen." Vorsichtig öffnete ich den Umschlag, faltete ein Blatt Papier auseinander und las: Ein Gutschein über eine Fahrradfahrt mit einem viersitzigen Gefährt für zwei Stunden rund um Langeoog von Ali, Akin, Ismet und Friedel Lubitz. „Wann habt ihr das denn gemacht?" „Wir haben das gestern Nachmittag bereits vorbestellt. Wir können ab 16 Uhr starten." Ich war gerührt. Und so erlebten wir eine lustige Fahrt vom Heim durch den Ort bis hin zum Hafen und zurück.

An ein zweites Erlebnis erinnere ich mich. Damit wir die nötige Anzahl von mitreisenden Schülern erreichten, fuhren zwei Klassenlehrerinnen, zwei Begleiter und ich, sowie ein Referendar mit. An einem freien Badetag, an dem die Schüler an den Strand durften, teilten wir sechs Gruppen a sechs Kinder ein. Wir Lehrer mussten nicht unbedingt dabei sein, weil die Strandabschnitte von der DLRG beobachtet und bewacht wurden. Da standen wir sechs Lehrkörper plötzlich als eigenständige Gruppe vor dem Heim. „Was machen wir denn jetzt mit der freien Zeit?", diskutierten wir. Shoppen, Fahrrad mieten oder einfach nur über die Höhenpromenade flanieren. Plötzlich hatte ein Kollege die Idee. „Wir könnten auch einen Rundflug über Langeoog mieten. Ich habe da einen Aushang am Rathaus gelesen: Rundflug – 240 DM – für 6 Personen", schlug der Kollege vor. Wir waren begeistert. „Aber was passiert, wenn die Maschine abstürzt?", gab Uta zu bedenken. Der Plan wurde fallen gelassen, denn wir hatten die Folgen erkannt. Wir entschieden uns für das Flanieren.

Das letzte Ereignis ist die Schilderung eines Abschiedsabends. Kollegin Marilies und die männliche Begleitperson Hartmut und ich saßen mit allen Jugendlichen im Tagesraum. Wir warteten auf die Vorstellung einer Aufführung, die Marilies vorbereitet hatte. Die Schüler hatten fünf Tische als Laufsteg zusammengestellt. Auf diesen Brettern, die die Welt einmal bedeuten konnten, so verkündete uns die Klassensprecherin, würden jetzt Models auftreten und das Publikum solle entscheiden, welche Rangfolgen erreicht würden. Und wer lief über den Steg? Acht Jungen, als weibliche Models geschminkt, frisiert und gekleidet. Wir lachten, jubelten und klatschen Beifall. Als Siegerin wurde Alina gekürt. Sie oder besser er trug einen hellblauen Trägerrock, eine Rüschenbluse mit kurzen Ärmeln und hellblaue Stoffsandalen.

Ein unvergesslicher Bunter Abend.

Langeoog war eine Reise wert.

Ein ganz besonderes Erlebnis

Eine Abschlussfahrt nach Klasse 9 war von den Schülern der Bronkhorstschule geplant. Zu Beginn des neuen Schuljahres würde die Klassengemeinschaft aufgeteilt, Man war ja schon seit der 5.Klasse zusammen. Die einen gingen dann in die 10A, die anderen in die 10B. Daher sollte die Klassenfahrt etwas Besonderes sein und den Schülern noch lange im Gedächtnis bleiben. Gesucht wurde ein Ort, wo 15- bis 16jährige gut aufgenommen werden. Der erste Vorschlag fiel sofort flach: Kein Aufenthalt in einem Schullandheim. Weitere Meldungen wurden vorgestellt: Weinort am Rhein – Stadt am Niederrhein mit Freizeitpark - Reiterhof im Sauerland. Aber entweder war der Aufenthalt zu teuer oder mit vielen Besuchern und Touristen zu teilen oder entsprach nicht den Interessen aller Schüler. Zuletzt schlug ich meinen Urlaubsort vor: Die Nordseeinsel Langeoog. Keiner kannte sie, Fragen tauchten sofort auf, die ich sofort beantworten konnte. Option: Die Reise sollte so preiswert wie möglich sein. Das Ergebnis: Abfahrt mit dem Bus morgens und 3.30 Uhr, Ankunft an der Küste 8.30 Uhr, 9 Uhr übersetzen mit dem Fischkutter für 50 Personen. Ankunft auf der Insel 10.00, Koffertransport mit Pferd und Wagen, Fußweg bis zum Inselhaus ca. 1 Std. Also kein Luxus, damit der Preis des Aufenthaltes niedrig gehalten werden kann.

Die Schüler waren begeistert. Alles klang vielversprechend und abenteuerlich. Schon in den ersten Wochen danach hatten sich 36 Schüler aus den beiden neunten Klassen angemeldet. Damit war auch die Höchstteilnehmerzahl erreicht. Als vorzeitiges Highlight war für die meisten die Abfahrt morgens um halb vier. Die ganze Reise verlief wie am Schnürchen. Wir waren in einem Flachbau am Ende des Dorfes Langeoog untergebracht. Sechs Schlafräume, zwei Lehrerzimmer, ein großer Tagesraum und Waschräume für Jungen und Mädchen standen uns zur Verfügung. Vor dem Haus lag der große Bolzplatz, geeignet für Fußball, Volleyball und Federball. Hinter dem Block eine kleine Wiese für Sonnenbaden, Klönen oder Kartenspiele.

Sechs Tage, von Montag bis Samstag, verbrachten 36 Schüler, zwei Lehrer, eine Lehrerin und ein Referendar bei schönstem Wetter ihre Zeit auf der Insel. Die vier Lehrkräfte hatten drei gemeinsame Ausflüge geplant: 1. Eine Wattwanderung, 2. Eine Fahrradtour zum Ostende der Insel und 3. Besuch der Vogelbeobachtungsstation. Montag u. Samstag waren für die An- und Abreise reserviert. Nachmittags konnten sich die Schüler am Strand sonnen, im Meer baden oder am Strand entlang laufen. Wenn nun jemand meint, das alles könnte man als Lehrer gar nicht beaufsichtigen, der irrt. Wir teilten die Schüler in Sechsergruppen ein. Einer von ihnen wurde als Verantwortlicher bestimmt. Niemand durfte allein ins Dorf gehen.   So fielen sie bei eigenen Erkundungen und Aktivitäten überhaupt nicht auf oder keinem Inselbesucher oder Ortsbewohner zur Last. Die Schüler hatten unser vollstes Vertrauen, und das wollten sie auch nicht missbrauchen.

Eines Nachmittags nahm mich eine Gruppe mit in den Ort. Die Schüler wollten auch nicht an den Strand, sondern Langeoog mit seinen kleinen Gässchen und Häusern kennenlernen. Dafür wäre ich doch der geeignete Reiseführer. Als wir an der evangelischen Kirche vorbeizogen, trafen wir den Chorleiter der Inselkantorei. Der kannte mich natürlich. Er begrüßte uns mit „Moin, Moin, ihr Meidericher." Wir grüßten mit Moin, Moin zurück Wir waren alle Meidericher? Ali, Hoa Duc, Vincenzo, Songül, Nermin und Alexandra. Drei Türken, ein Thai, ein Italiener und eine Griechin und ein deutscher Lehrer. Wir alle wurden zu Meiderichern erhoben. Meidericher, ein Wort, eine Nation, ein Zusammenhalt, trotz unterschiedlicher Hautfarbe. Das berichteten wir am Abend den übrigen Teilnehmern. Die Auslegung „ihr Meidericher" bezog jeder auf sich und alle strahlten. Wir fühlten uns alle wie Meidericher. Welch ein Gefühl?! Stolz, Freude, Gemeinschaft. Dieses Erlebnis war für uns alle ein ganz besonderes Erlebnis. Als Meidericher an einem unbekannten Ort ernannt zu werden, war schon etwas Besonderes.

An seinen Augen konnte ich ihn erkennen

In den dreißig Jahren meiner Dienstzeit als Lehrer habe ich viele Schüler unterrichtet. Wenn ich sie nach 10, 20, 30 oder 40 Jahren wiedersehe, brauche ich nur in ihre Augen schauen, erkenne sie oder weiß zumindest ihren Vornamen. Von einer Ausnahme weiß ich zu berichten:
Birgit kam in meine 5.Klasse. 25 Jahre nach Schulentlassung organisierte sie ein Klassentreffen. Sie hatte per Post oder per Telefon fast alle erreicht. Von den 36 Schülern waren immerhin 22 erschienen. Als erstes besichtigten wir die Bronkhorst-Schule. Klassenräume, Fachräume und die Aula wurden begutachtet, und immer fiel der Satz: „Hallo, hier waren wir auch im Unterricht. Erinnerst du dich noch?" Ich, als Klassenlehrer, habe nach so vielen Jahren selten so gelacht.
Dann fuhren wir mit unseren Autos zu Birgits Haus und Garten. Hier hatte sie ein großes Hauszelt aufbauen lassen. Darin fanden wir alle Platz. Das Abendessen bestand aus einem kleinen Imbiss. Zu trinken gab es genug. Wenn man die Party verließ, zahlte man einen geringen Obolus in ein Sparschwein. Während des Essens kam ein junger Mann mit einem Tablett voll mit Schinken und Käse belegten Brötchen und stellte es auf den Tisch. Dann lächelte er mich an. „Birgit, ist das dein Mann?", fragte ich. Der Mann antwortete spontan: „Nee, wir sind zwar beide verheiratet, aber Birgit ist nicht meine Frau. Herr Lubitz, erkennen Sie mich denn nicht?" Ich war verdutzt und zuckte mit den Schultern. Den sportlichen, schlanken Mann mit der Ponyfrisur und den nackenlangen Haaren erkannte ich nicht. Um mir zu helfen, beschrieb er sich weiter: „Ich bin der, der immer still war. Ich bekam auf dem Jahreszeugnis immer befriedigende Noten. Nur bei Herrn Meurer stand auf meinem Zeugnis immer eine 5 bis zur Entlassung. Na, wer bin ich?" Ich versuchte in seine Augen zu schauen, aber sein Pony verhinderte die Ansicht. Die umsitzenden Schüler lachten jetzt laut und plötzlich rief Dirk in die Runde: „Herr Lubitz, das ist doch Heinz. Der saß immer am hinteren Gruppentisch in der linken Ecke." Jetzt dämmerte es bei mir. Die Art seines Augenaufschlags mit den funkelnden Augen ließen mich ihn erkennen.

Das Versteckspiel

Ich war zum Vertretungsunterricht in einer 7.Klasse eingeteilt. Als ich die Klassentüre öffnete, blickte ich in ein leeres Klassenzimmer. Alles war aufgeräumt, keine Schulutensilien lagen herum. Ich ging ans Fenster und blickte auf die Straße. Aber dort hielten sich auch keine Schüler auf. Ich ging zurück ins Verwaltungsbüro und teilte dort meine Beobachtungen mit. „Hast du denn in den Gruppenraum geguckt?", fragte die Schulsekretärin und grinste dabei. Ich gestand, dass ich nur einen kurzen Blick durch die Glasfensterscheiben hineingeworfen hätte, aber mir wäre nichts aufgefallen. Ich eilte noch einmal zum Klassenraum zurück. Da saßen alle Schüler auf ihren Plätzen, hatten Bücher und Hefte aufgeschlagen und wollten mit dem Englischunterricht beginnen. Die Schüler lachten mich an. Oder lachten sie mich aus? Immerhin waren 15 Minuten vergangen, und ich konnte nur eine knappe halbe Stunde den Unterricht durchziehen. Erst in der Pause erfuhr ich vom Klassensprecher, dass sich alle Kinder flach auf den Fußboden gelegt hätten. Somit hätte ich sie nicht sehen können. Da musste ich auch lachen. Was muss das für ein Gewusel gewesen sein?

Der Neue

Nach den Osterferien hatte ich einen neuen Schüler bekommen. Da ich von den beiden sechsten Klassen unserer Schule die niedrigste Anzahl von Schülern hatte, wurde mir Akin, so hieß der Neue, zugewiesen.
Ich stand bereits vorne am Pult, um die Anwesenheit festzustellen, als Akin mit einem freundlichen Lächeln den Klassenraum betrat. Er strotzte vor Selbstbewusstsein.
Akin war ein sehr hübscher Junge, mit strahlenden dunkelbraunen Augen, und sein glatt nach hinten gekämmtes Haar lag auf seinem Kopf.
„Ich heiße Akin, ich komme von der Gesamtschule und soll bei Ihnen die sechste Klasse wiederholen." Ich nickte, denn ich war über sein Kommen informiert und wies ihm den freien Platz am Gruppentisch in der 2. Reihe zu. „Kann ich nicht ganz vorne sitzen?", fragte Akin freundlich fordernd, „ich möchte ganz nah den Platz an Ihrem Pult haben. Ist das möglich?" Sofort sprangen zwei Schülerinnen auf und überließen ihm ihren Platz, und Nermin zeigte sofort auf den von ihr freigemachten Platz. „Danke, meine Liebe", nickte ihr Akin zu. Nermin setzte sich in die zweite Reihe.
Im Laufe der Zeit stellte ich fest, wie gut Akin deutsch sprechen konnte, mehr als manch ein anderer türkischer Junge. Ich entdeckte, wie sorgfältig Akin alle Hausaufgaben erledigte. Nach Unterrichtsschluss blieb er auch öfters länger im Klassenraum. Dann erkundigte er sich über Unterrichtsgebiete, die er nicht verstanden hatte. Er wollte sie noch einmal erklärt haben. Er machte auf mich den Eindruck eines wissbegierigen und fleißigen Schülers.
Eines Tages blieb er wieder mit mir im Klassenzimmer zurück und fragte mich ganz offen und mit großen Augen: „Können Sie bitte einmal zu uns nach Hause kommen und mit meinen Eltern und Geschwistern Kaffee oder Tee trinken? Meine Eltern möchten Sie gerne kennenlernen und von Ihnen wissen, wie Sie mich einschätzen." Ich erstaunte, allein schon wegen der exakten Formulierung der Einladung. Ich stimmte zu und nahm die Einladung an.
Rund um den Wohnzimmertisch saßen nur Akins Eltern, ich und Akin selbst. Die Schwester hatte sich mit ihrem Freund verabredet, und der Bruder war zum Fußball spielen gegangen.

Wir tranken Tee aus den bauchigen Gläschen auf den kleinen Glastellerchen. Die Erziehungsberechtigten fragten in gebrochenem Deutsch nach Akins Mitarbeit. Ich konnte nur Positives aus meinen Unterrichtsstunden berichten. Ich nahm alles gelassen hin und ahnte nicht, welche Folgen einmal daraus entstehen würden. Zuletzt sprach ich noch den am Ende des Schuljahres stattfindenden Schullandheimaufenthalt in Antweiler an. Akin dürfe mitfahren, wenn er bis dahin gute Noten erhalten würde. Da die Versetzung nicht gefährdet zu sein schien, konnte Akin teilnehmen.

Der Reisebus wartete am Morgen der Abreise überpünktlich vor dem Schultor. Die Schüler gaben ihre Koffer an den Busfahrer ab, stiegen ein und versuchten einen Fensterplatz zu erhaschen. Akin war mit einer kleinen Reisetasche eingetroffen. Die Wäsche reiche für eine Woche, meinte er. Dann verschwand er in den Bus. Ich sah noch, wie einige Mädchen sich von ihren Eltern verabschiedeten. Ich nutzte diese Zeit, um meine Abreise im Schulbüro zu melden. Als ich den Aufgang zum Bürgersteig hinaufeilte, kam mir Akin entgegen. „Hallo, mein Freund, ab in den Bus. Es geht gleich los." Mit diesen Worten hielt ich ihn fest und drängte ihn zurück. „Nein, ich bleibe hier. Ich fahre nicht mit." „Wie bitte? Was ist denn nun los? Bleib mal cool und geh zurück in den Bus!" „Ich habe Ihnen doch gesagt, dass ich nicht mitfahre. Außerdem kann ich ja gar nicht mit ins Schullandheim fahren, weil ich zuhause bleiben muss." Ich war verdutzt. Mit großen Augen sah ich in an. Dabei sah ich in ein lachendes Gesicht. Keine Spur von Ärger oder Erregung. Und dann sah ich einen Jungen auf der untersten Stufe der Bustüre stehen. Ebenfalls lachend. Ich sah einen zweiten Akin. „Wer bist du denn?", fragte ich den Jungen, den ich immer noch am Weitergehen hinderte. „Ich bin Akins Zwillingsbruder. Ab dem neuen Schuljahr komme ich auch auf diese Schule. Ich heiße übrigens Erkan. Und Sie sind sicher Herr Lubitz? Ich bin gekommen, um mich von meinem Bruder zu verabschieden. Sie kennen doch sicherlich den Spruch, ein Zwilling kommt selten allein?" Ich nickte und jetzt lachte ich ebenfalls.

Deutschkurs für türkische Schüler

Wie bringe ich türkischen Schülern die deutsche Sprache bei. Meine damalige Klasse hatte die Grundschule verlassen und waren mit mehr oder weniger guten Sprachkenntnissen an die Bronkhorstschule gekommen. Da es sehr viele Kinder waren, bildeten wir eine Regelklasse mit ausschließlich türkischen Schülern ein, mit dem Ziel, sie an die Anforderungen des Faches Deutsch in der Hauptschule heranzuführen.
Eines Tages fiel mir ein Bastelbogen mit Till Eulenspiegel in die Hände, und schon rollten vor meinem geistigen Auge die Streiche dieses Menschen ab. Wenn die türkischen Jungen und Mädchen die Geschichten in Rollen nachspielen und die Figuren dazu basteln würden, müsste das Lernen doch zum Erfolg führen. Und so begann meine Unterrichtsreihe mit Till Eulenspiegel:
Kaum waren die ersten Stockpuppen ausgeschnitten und an die Stäbe getackert worden, da spielten einige schon die ersten Dialoge, die sie aus den Lesetexten, die ich vorher etwas vereinfacht hatte, kannten. Wenn der Text inhaltsmäßig nicht vollständig wiedergegeben wurde, dann versuchte der Tischnachbar zu verbessern oder zu ergänzen. So entstanden Gespräche mit Till und einem Bartscherer, eine Bäuerin mit einer anderen Frau, die Milch verkaufen wollte. Die Figuren trugen die Kleidung aus der damaligen Zeit, und so begrüßten sich die Bauersfrauen mit Schmeicheleien über einen neuen Hut, die Frisur oder über das Muster eines Rockes. Wenn jemand mal ein türkisches Wort in den Dialog einfließen ließ, weil ihm das deutsche Wort nicht einfiel, dann riefen andere Schüler sofort, dass Till damals noch kein Türkisch kannte. Die Mitschüler lachten ihn an, nicht aus. Die Klasse bastelte mehrere Stabfiguren, so dass sie mindestens zwei Geschichten nachspielen konnte. Besonders beliebt waren „Till Eulenspiegel backt Eulen und Meerkatzen", „Till arbeitet bei einem Bartscherer" und „Till verkauft Milch zu Höchstpreisen".
Mit dieser Schauspielerei gewannen die Schüler immer mehr Zutrauen in ihr Sprachvermögen und wurden selbstsicherer im Umgang mit anderen Mitschülern. Letztendlich konnten sie stolz auf ihren Sprecherfolg sein und ebenso groß war ihre Freude. Ein weiterer Schritt zur schulischen Integration war getan.

Die gute Tat

Die letzten beiden Schulstunden waren ausgefallen, und so konnten Birsen und ihre Freundin Elif in Ruhe und fröhlich miteinander ihren Heimweg antreten. Als die beiden die Bronkhorststraße hintergingen, sahen sie ungefähr 10 m vor ihnen eine alte Frau, die drei schwere Plastikeinkaufstüten schleppte. Die Freundin sagte, als sie die Reinholdstraße überquerten: „Guck mal, die arme Frau, ich würde ihr so gerne helfen." Birsen stupste Elif an: „Geh doch zu ihr. Du hast doch den gleichen Weg wie sie." „Und wenn sie mich missversteht?" „Wie meinst du das?" „Na, wenn sie denkt, dass ich sie bestehlen will. Ich habe schon oft von solchen Gedanken gehört." „Nein, bestimmt nicht", sagte Birsen. Elif lief hinter der Frau her, und als sie auf gleicher Höhe war, sah sie in das Gesicht der alten Frau, die nach Atem rang. „Entschuldigen Sie bitte, darf ich Ihnen helfen. Ich gehe den gleichen Weg wie Sie." Die alte Frau setzte die Taschen auf den Boden und antwortete überrascht: „Oh, das ist aber wirklich nett von dir. Dann nimm bitte die Taschen, die am vollsten gepackt sind." Und sie gab Elif zwei Tüten. Elif hob sie hoch und beide trotteten in Richtung nächste Kreuzung und bogen dann links ab. Als sie die Talbahnstraße erreichten, blieb die Frau vor dem kleinen Häuschen stehen. „Hier wohne ich, hier kannst du die Taschen auf der untersten Stufe abstellen. Und nochmals vielen Dank für deine gute Tat. Elif ging weiter und winkte der Frau noch lange nach. Birsen wartete noch auf Elif und dann bogen beide in die Neubreisacher Straße ein.

Überarbeitung: Die Hahnenfeder
Die Geschichte wurde aus der Schülerzeitung BMX entnommen

Die Tücher-Show

Meine Kollegin Marielis G. hatte die Klasse 7a mit den Fächern Deutsch, Mathematik und Textilgestaltung übernommen. Die Schülerzahl setzte sich aus ausschließlich türkischen Schülerinnen und Schülern zusammen.
Nach anfänglichen Schwierigkeiten gelang es ihr, zu den Kindern ein Vertrauensverhältnis aufzubauen. Nachdem einige Wochen vergangen waren, trugen die türkischen Mädchen ihr ein Problem vor. Sie waren von Kolleginnen gezwungen worden, im Unterricht ihr Kopftuch abzulegen. Sie hatten sich zunächst geweigert, der Aufforderung Folge zu leisten. Es entstand eine große Aufregung und die Schülerinnen wollten sich unbedingt beim Rektor beschweren. Die Kollegin beruhigte die Mädchen und schlug ihnen zunächst vor besonnen vorzugehen. Sie versprach, das Thema auf die Tagesordnung der nächsten Lehrerkonferenz setzen zu lassen.
Kurzgefasst, der Antrag „Das Tragen eines Kopftuches im Unterricht zu verbieten" wurde abgelehnt. Die Kolleginnen, die das Problem verursacht hatten, mussten das demokratische Ergebnis akzeptieren.
„Aber meine Wut blieb im Bauch", so formulierte Marielis mir in einem Gespräch. *„Aber ich werde das Konfliktthema bei passender Gelegenheit aus textiler Sicht angehen."*
Welche Eigendynamik dieses Vorhaben entwickeln sollte, konnte zu dem Zeitpunkt niemand ahnen. Zwei Schuljahre lang bearbeiteten die Schülerinnen das Thema „Tücher" unter den verschiedensten Aspekten und präsentierten ihre Erkenntnisse sowohl durch eine Ausstellung in einem Textilgeschäft im Stadtteil als auch durch eine „Tücher Show" in fünf Szenen zum Abschluss des Schuljahres. Ablauf des Programms, Aufbau von Stühlen und Tischen, Dekoration auf der Bühne in der Aula und im Saal, Getränke und Snacks, Musik, Beschallung und Beleuchtung, diese Aufgaben waren an alle Kollegen verteilt worden. Alle waren zufrieden, alles verlief reibungslos. Am Nachmittag des Festes lief bei strahlendem Sonnenschein ein Höhepunkt nach dem anderen ab. Sketche wurden aufgeführt, Playback Singen wurde geboten und Tanzeinlagen von der Tanz AG gezeigt. Die Schülerband `Team-Spirit´ heizte den Tanzenden ganz schön ein. Wer frische Luft brauchte, ging durch die Seitentüren auf den kühlen Flur oder zum überdachten Vorhof. Die

Schüler kamen zurück, als der Programmpunkt „Tücher verbinden – Die Tücher-Show" über Mikro bekannt gegeben wurde. Die Aula war jetzt proppevoll.

1. Szene Türkischer Tanz mit Kopftuchsprache

Türkische Tanzmusik erklang. Zwei Jungen rollten ein Transparent aus, auf dem zu lesen war „Tücher verbinden".
Jetzt betraten sechs türkische Mädchen die Bühne und die Schulsprecherin verkündete: „Wir möchten auch jetzt Tücher vorstellen. Viele türkische Mädchen tragen Kopftücher, weil es ihre Religion von ihnen verlangt." Während sie diese Worte sprach, banden die Mädchen ihre Kopftücher um.
„Je nachdem, ob sie verheiratet sind (Pause) oder nicht (Pause), ob sie alt (Pause) oder jung (Pause), ob sie zu Hause (Pause) oder auf der Straße sind (Pause) binden türkische Frauen und Mädchen unterschiedlich ihr Kopftuch." In den Pausen traten die jeweiligen Schülerinnen nach vorne. Erstaunt blickte die Schülerschaft auf die Bühne. Hatten sie das gewusst?

Zur 2. Szene erklang indische Musik. Jetzt gebe ich den original protokollarischen Ablauf wider:
Auf der Bühne erschienen zwei Jungen, gekleidet mit T-Shirt, Dhoti und Turban, die ein großes langes Tuch hereintrugen. Ihnen folgte, verhüllt durch ein schwarzes Tuch, das von zwei anderen Mädchen getragen wurde, die Schülerin aus Sri Lanka in Begleitung einer Kollegin, die sich häufig in Asien aufgehalten hatte und einen Sari wickeln konnte. Die beiden Jungen überreichten ihr das Tuch und sie zeigte dem Publikum die vollständige Länge und Feinheit und begab sich nun ebenfalls hinter das schwarze Tuch. Erst als aus dem 'Stück Stoff? ein Kleidungsstück entstanden war, wurde das verhüllende Tuch entfernt und die Schönheit des gewickelten Saris und seiner Trägerin sichtbar.
Ein riesiger Beifall mit Bravorufen erfüllte den Saal. Nun nahmen die beiden Jungen ihren Turban vom Kopf und ließen vor den Augen des Publikums die Kopfbedeckung zu meterlangen Tüchern werden.
In der 3. Szene zeigten die Schülerinnen ihre Tücher als Accessoires und steckten sie danach mit einem Zipfel unter den Gürtel einer anderen Schülerin, die mit diesem „Rock" einen Bauchtanz aufführte. „Mit Tü-

chern können wir uns schmücken oder sie werden zu unserer Kleidung", erklärte die Schulsprecherin.
Die 4. Szene wurde mit Elvira M. aus Mozarts Klavierkonzert Nr. 21 und der Barcarole aus Hoffmanns Erzählungen begleitet. Drei Schülerinnen banden große Seidentücher, die sie individuell gefärbt hatten, zu Abendkleidern und zur Musik von Jacques Offenbach kamen zwei türkische Jungen und ein Lehrer in festlichen Anzügen hinzu, die mit den Mädchen einen langsamen Walzer tanzten.

Die Aufführung endete mit der 5.Szene, in der Songs von Roy Orbison „California Blues" und von den Beach Boys „Surfin´ USA" erklangen.
Die Mädchen, die nicht an der Walzer-Szene teilgenommen hatten, wickelten ihre großen , in Blau-Türkis-Tönen gefärbten Seidentücher zu Pareos, die Jungen begleiteten sie in dreiviertellangen Hosen und sommerlichen T-Shirts. Accessoires wie Sonnenhüte, Sonnenbrille, Surfbrett, Strandtücher und Wasserbälle rundeten ein wahres Strandleben ab.
Der Applaus wollte kein Ende nehmen. Die Schülerinnen hatten einen großen Erfolg erzielt. Die Tücher-Show wurde durch Publikationen und Vorträge einem breiteren Publikum vorgestellt.

Das Problem „Kopftuch tragen – ja oder nein" war wie weggewischt. Das Ansehen des Textilunterrichts verbesserte sich an unserer Schule und es erfolgte u.a. die Einladung der Bundeszentrale für politische Bildung. Vorurteile waren an unserer Schule abgebaut worden. Toleranz und Achtung für fremdes Kulturgut wurden gestärkt.
Jeder schien die Worte eines türkischen Autors verstanden zu haben:
„Verstehen ist eine Reise ins Land eines Anderen".
Aus der Publikation „Interkulturelles Lernen, Arbeitshilfen für die Politische Bildung, Bundeszentrale für Politische Bildung, Bonn 1998" erhielt ich den Artikel über die Tücher-Show von Marielis G. Ich war so begeistert, dass ich das ganze Geschehen für eine Lesung hätte gebrauchen können. Aber sie war zu lang und es würde daher den Rahmen sprengen. Daher habe ich den Text gekürzt, geändert und für den Leser und späteren Zuhörer verständlich gemacht.

30 Jahre Bronkhorst-Schule, mein Unterricht, mein Mitwirken, eine lange Zeit, eine wunderbare Zeit. Sie hat mich und meine Urteile geprägt, mein Wissen bereichert und meine Akzeptanz des Kulturguts anderer Völker, besonders das des türkischen Volkes, gestärkt.

Gefühle eines Hauptschullehrers

Ich erlebte Unterrichtsstunden, die liefen „wie geschmiert". Ich schwebte dann auf Wolke sieben. Die Mitarbeit der Schüler hatte mich beeindruckt. Der Gesichtsausdruck der jungen Menschen zeigte mir an, dass man alles verstanden hatte. Ich fühlte mich glücklich und ich glaube die Schüler auch.
Im Jahr 1999 hatte ich 25 Jahre an derselben Schule unterrichtet. Hin und wieder bemerkte ich, dass meine Leistungskurve zu schwanken begann. Ich war immer dann glücklich, wenn ich merkte, was ich in meinem Beruf tat. Dann gehörte ich zu den glücklichsten Menschen. Dann wiederum ahnte ich, dass mit zunehmendem Alter und lahmender Nervenkraft auch andere Zeiten kommen würden. Um diesem Gedanken entgegenzuwirken, unterrichtete ich von 1999 bis 2004 nur meine Klasse mit 13 Stunden = halbe Stundenzahl und mit 13 weiteren Stunden meldete ich mich für die Betreuung von Schulverweigerern. Somit entstand für mich auch eine neue Motivation. Das Unterrichten mit diesen sogenannten „Schulschwänzern" gab mir für meine letzten fünf Jahre noch einmal neuen Schwung.
Ich erfand neue Unterrichtsmethoden und entwickelte daraus neue Konzeptionen. Damit gelang es mir 26 Schüler zu motivieren, den Hauptschulabschluss nach Klasse 9 zu machen. Zehn Schüler wurden auf berufliche Maßnahmen vorbereitet. Und sechs Schüler blieben auf der Strecke. Leider weiß ich nicht, wo sie gelandet sind. Aber mit diesem Ergebnis konnte ich nach 30 Jahren die Bronkhorstschule als ein glücklicher Mensch verlassen.
P.S. Ich hatte damals alles Erlebnisse und Erfahrungen mit Schulverweigerern in einem Tagebuch festgehalten. Diese Aufzeichnungen sollten für mich eine Erinnerung an die letzten fünf Jahre Schulzeit sein. Das Tagebuch stand dann zehn Jahre lang in meinem Bücherregal. Im Jahr 2015 erzählte ich einer guten Freundin so ganz beiläufig von meinen Berichten. Sie forderte mich sofort auf, daraus ein Buch zu machen, als Hilfe für nachfolgende Kollegen. Erst zögerte ich, doch dann ließ ich das Buch drucken. 100 Exemplare, 70 habe ich verkauft, 27 habe ich verschenkt, an Freunde und Bekannte. Titel: NULL BOCK AUF SCHULE.

Sag die Wahrheit

Manchmal fand mein Musikunterricht im Sprachlabor statt. Die Schüler liebten die Atmosphäre dieses Raumes. Ich lebte dann die Schallplattem auf den Plattenteller, und jeder einzelne konnte dann die Musik über seinen Kopfhörer mitverfolgen. Am heutigen Tage spielte ich die instrumentale Fassung von „Bilder einer Ausstellung" von Mussorgski ab. Auf einem Arbeitsblatt mussten die Schüler die Instrumente ankreuzen, die zu dem jeweiligen musikalischen zu hören waren.
Irgendwann im Laufe der Stunde sah ich die ersten Mädchen grinsen. „Was ist los?", schaltete ich mich bei Chantal ein. Nur sie allein konnte mich jetzt über Kopfhörer hören und meine Frage beantworten. „Nichts Besonderes", gab sie als Antwort. Aber ich sah, wie Zettelchen von einer Hand zur anderen weitergegeben wurden. Einen Zettel konnte ich abfangen. Was stand darauf geschrieben? „Willste mit mir gehen? Kreuze JA oder NEIN an, Treffen wir uns heute Nachmittag um 4 Uhr? Kreuze JA oder Nein an." Ich grinste. Über mein Micro teilte ich allen mit: „Sagt bloß die Wahrheit und schreibt alles richtig auf." Ein Paukenschlag beendete die Stunde.

Straße der Erinnerungen

Wie oft bin ich schon die Von-der-Mark-Straße rauf und runtergegangen. Um einzukaufen, um Bücher zu bestellen oder um Freunde und Bekannte zu treffen.
An einem warmen Samstagmorgen fuhr ich mit dem Bus vom Stadtpark bis zum Meidericher Bahnhof. Bei stahlblauem Himmel stieg ich aus, um auf der Basarstraße Medikamente zu kaufen. Nach dem Kauf setzte ich mich auf eine Bank an der Turnhalle des MPG. Das war immer mein Lieblingsplatz, wenn ich eine Pause einlegte. Ich blickte um mich und las die Leuchtreklame der Eisdiele Renon. Mit dem Besitzer, ein ehemaliger Schüler der Bronkhorstschüler, war ich in den 80er Jahren mit zwei Klassen in ein Landschulheim gefahren. Die beiden Klassenlehrerinnen hatten mich als Begleiter ausgewählt. Das war Pflicht, denn weibliches Lehrpersonal musste immer mit einem männlichen Lehrkörper einen mehrtägigen Aufenthalt planen. Ich war auch gerne dazu bereit. So entwickelte ich mich, neben meiner eigenen Klasse, zu einem „Reiseonkel". Ich tat es auch aus Freude. Ich stellte Wanderungen, Spiel- und Sportnachmittage, ´Bunte` und Abschiedsabende zusammen und plante all diese Veranstaltungen für Regen- und Sonnentage. „Fühlst du dich eigentlich von den Kolleginnen nicht ausgenutzt?", fragte mich einmal mein Onkel. „Nein", antwortete ich, „es macht mir Spaß zu sehen, dass Schüler sich freuen, dann habe ich auch meine Freude daran." Mit diesen freudigen Gedanken stand ich auf. Ich schlenderte die Straße hinunter bis zu einer Bank vor der katholischen Kirche. Bis dahin hatte ich noch keinen mir bekannten Menschen getroffen. Aber ich hatte die verschieden klingenden Tonlagen von Kinderstimmen, Hausfrauen und älteren Männern wahrgenommen. Ich hatte die verschiedenen Sprachen der Menschen, die an mir vorübergeeilt waren, gehört. Manche Wörter verstand ich überhaupt nicht, andere waren mir vertraut. Leute mit Rollatoren, mit Einkaufstüten schoben sich an mir vorbei. So hatte ich bis hierhin die Vielfalt von Meidericher Bürgern gesehen. Kaum hatte ich auf der Bank Platz genommen, kam Frank, ein ehemaliger Schüler, auf mich zu, begrüßte mich, und es entstand ein kurzer Smalltalk. So erfuhr ich von seinen privaten Problemen und er lud mich zu sich nach Hause ein. „Dann können wir mehr miteinander klönen." Mit diesen Worten verabschiedete er sich. In mir tauchten ähnliche Gespräche auf.

Ich hatte vor Jahren Kai, Jörg, Ali, Anja und Claudia getroffen. Sie alle berichteten mir von ihrem beruflich erfolgreichen Werdegang oder auch von ihren privaten Problemen. Ich hatte mich wie in eine große Familie aufgenommen gefühlt, in der Vertrauen selbstverständlich war. Mit all diesen Schülern halte ich bis heute noch den Kontakt aufrecht, sei es per Telefon oder durch E-Mails.

Mein Spaziergang endete vor der Sparkasse Auf dem Damm. Hier verwaltete eine ehemalige Schülerin von mir mein Konto, bis heute. Ich hatte sie im Englisch E-Kurs unterrichtet. Aber wir fanden immer noch Zeit zu einem kurzen Gespräch, nachdem sich unsere geschäftlichen Belange erledigt hatten.

Danach stieg ich in den Bus und fuhr nach Hause zurück. Damit war mein Traum von der „Straße der Erinnerungen" zu Ende.

Türkische Vornamen

Im Laufe meiner 30-jährigen Dienstzeit habe ich viele türkische Schüler und Schülerinnen unterrichtet. Wenn die Vertrauensbasis hergestellt war, teilten sie mir auch Privates mit. Sowohl in Pausen, bei Ausflügen oder in den Abschnitten während des Unterrichts, wenn andere Mitschüler noch die Zeit brauchten, um die gestellten Aufgaben zu Ende zu bringen. So erfuhr ich oft, wo sie ihren Urlaub verbracht hatten, wie sie ihre Freizeit gestalteten oder welche Arbeiten sie zu Hause zu erledigen hatten. Meistens reichte die Zeit zum Erzählen nur aus, welche Bedeutung ihre Vornamen hatten und warum ihre Eltern sie so genannt hatten. Und oft hatte die Namensgebung anfänglich eine Vorgeschichte. Und die war manchmal richtig spannend. Und ich hörte gerne zu. Die Namen Özlem und Yeter hatte ich in meinen Geschichten oft erwähnt und die Bedeutungen waren mir wohl bekannt. Özlem heißt Sehnsucht und Yeter heißt `Schluss jetzt`. Denn Yeter war das vierte Mädchen, das in ihrer türkischen Familie zur Welt gekommen war. Inci war in meine 5.Klasse gekommen. Das Persönchen war nicht sehr groß, sehr schlank und sehr fröhlich. Nach einem Jahr vertraute sie mir die Übersetzung ihres Namens an. Inci heißt ´fein`, weil sie schon bei ihrer Geburt eine glatte Haut, keine Falten während des Geburtsvorgangs bekommen und sich und sich schon nach Tagen ihre hübsche Gestalt gefestigt hatte.
Birsen, das heißt, du bist die Nummer 1, und sie war die Erstgeborene. Melek, der Engel, weil sie das Wunschkind ihrer Mutter war und Saniye kam auf die errechnete ´Geburtsstunde` auf die Welt. Daher trug sie ihren Namen. Saniye heißt die Sekunde. Ceylan war auch ein Wunschkind und alle Familienmitglieder waren sportlich aktiv. Diesen Wunsch drückten die Eltern in dem Mädchennamen aus, Ceylan = die Gazelle. Fatma sollte wohlbehalten in Meiderich aufwachsen, möglichst ohne Probleme, Ängste und Hindernisse. Die Familie legten alle Wünsche in den Namen hinein. Fatma, das Schicksal, all das sollte Fatma in Zukunft meistern können.
Die türkischen Jungen hießen viel pragmatischer. Cuma wurde an einem Freitag geboren und dieser Name bedeutet Freitag. Deniz erhielt seinen Namen, weil er in Istanbul am Meer zur Welt kam. Deniz bedeutet das Meer. Eine Mutter brachte Kamer in einer Vollmondnacht zur Welt, Kamer heißt ´der Mond` und Cihan erblickte das Licht der Welt als der

Junge, der den Stamm der Familie aufrechterhalten sollte. Cihan bedeutet ´die Welt`. Und Özkan bedeutet ´rechtes Blut`, was so viel sagen sollte, dass er der richtige Nachfolger ist.
So wuchs in Meiderich eine Vielfalt von Menschen heran, die das Leben hier in Meiderich noch spannender machten.

Beurteilungen

„Na, wie war denn Ihr Lehrer an der Bronkhorst-Schule?" fragte mein Freund die Angestellte der Sparkasse ´Auf dem Damm`. Die ehemalige Schülerin, die ich Ende der Siebziger Jahre im E-Kurs Englisch unterrichtet hatte, überlegte kurz und antwortete: „Streng, aber gerecht." Ich war erstaunt. „Ich?", fragte ich zurück, „ich habe andere Meinungen in Erinnerung", antwortete ich. „Ja, welche denn?", lautete die Rückfrage. „Lustig, humorvoll, aufheiternd, motivierend", gab ich an. „Ich aber kann meine Beurteilung nur bestätigen. Sie waren streng, aber gerecht, und das meine ich als Kompliment", beteuerte sie nochmals. Dann widmete sie sich wieder ihren Dienstaufgaben. Aber das Thema beschäftigte mich noch einige Zeit. Ich startete eine kleine Umfrage bei ehemaligen Schülern, die ich auf der Bazarstraße traf. Nur drei bestätigten das Sparkassenurteil. **Rückblende**: Im Jahr 1999 fand ein Klassentreffen meiner 1. Klasse statt. Schon damals lautete das Urteil: „Sie waren streng!"

Meine Strenge habe sich im Unterricht gezeigt. Man schilderte folgende Vorfälle. Wenn jemand den Unterricht durch unerlaubtes Reden oder auffälliges Verhalten störte, dann hatte der Schüler nach vorne zu kommen, er musste dann in die Hocke gehen, auf den Fußballen hocken und sich nicht an die Klassenwand anlehnen. Zehn Minuten lang. Ich hatte von den Schülern gehört, dass andere Kollegen die Schüler vor die Klassentüre stellten. Diese Art von Bestrafung wollte ich vermeiden, da keine Aufsicht gewährleistet wäre und die Schüler nichts vom Unterrichtsstoff versäumen sollten. Wenn die Zeit abgelaufen war, passierte folgendes. Die Schüler konnten nur noch zu ihren Stühlen kriechen, weil sich ihre Muskulatur verzogen hatte. Hart aber gerecht. Heute sehe ich das als Folter an und würde es nie wieder machen.

Ein weiteres Erlebnis schilderten Schüler so: „Hatten wir einen Fehler gemacht, brauchten wir nur in Ihre Augen zu schauen. Die sprachen Bände. Die drückten Ärger, Enttäuschung, Missbilligung, Trauer und alle Arten von Gefühlen aus. Wir brachten nur eine ehrliche Entschuldigung heraus. Dann strahlten Ihre Augen. Alles war vergeben und vergessen.
Zum Schluss erkannte ich das Fazit: In den Siebziger Jahren musste ich mein eigenes Lehrerbild schaffen. Die Schüler respektierten das. Ab

dann ließ ich alles mit Humor angehen, aber ich blieb bis zum Ende meiner Dienstzeit streng und gerecht.

Die Begegnung

Da saß ich nun im Café des Weltladens von St. Michael auf der Von-der-Mark-Straße. Auf dem Tisch vor mir stand eine Tasse Kaffee. Daneben lagen fünf Exemplare des ersten Buches von den ´Hahnenfedern` aus dem Jahr 2017. Ich hatte dort Platz genommen, um einerseits die Bücher zu verkaufen und andererseits, um sie auf Wunsch der Käufer zu signieren. Nach einer Stunde war immer noch kein Interessent erschienen. Ich schaute durch die Glas-Eingangstüre. Herein kam ein junger sympathischer Vater mit seinem dreijährigen Sohn. Beide setzten sich zu mir an den Tisch. Hier verriet mir der kleine Junge sein Alter und seinen Namen: ´Joshua`. „Ein schöner Name", bestätigte ich. Dann begann ein Gespräch zwischen uns beiden Erwachsenen. Ich fragte ihn: „Sie sind so gebräunt, kommen Sie aus dem Urlaub oder was für ein Landsmann sind Sie?"
„Ich komme von einem Verwandtenbesuch, ich bin in Meiderich geboren, meine Eltern kommen aus Portugal. Dort habe ich auch zehn Jahre die Schule besucht, wir sind aber dann wieder nach Meiderich zurückgekehrt", lauteten seine Erklärungen. „Das kann doch wohl nicht wahr sein", schleuderte ich ihm entgegen. Danach ergänzte ich: „Ich war Lehrer auf der Bronkhorstschule, unterrichtete dort 30 Jahre lang. 1998 durfte ich drei Wochen bei einem Lehreraustausch in Porto unterrichten." „Sie waren auf der Bronkhorstschule?", fragte mich der junge Vater. Ich nickte.
„Wissen Sie, meine Tante und mein Onkel besuchten vor etwa 30 Jahren die gleiche Schule." Dabei strahlte er mich an. „Darf ich fragen, wie Ihre Verwandten heißen?" „Kennen Sie Salome? Sagt Ihnen der Name noch etwas?" „Natürlich, ich habe sie unterrichtet, sie war ein hübsches, rassiges Mädchen." „Sie ist meine Patentante." „Grüßen Sie sie ganz herzlich von mir." „Danke, mach ich."
Anschließend erzählte ich dem jungen Vater von meinen Erlebnissen und Eindrücken von Portugal. Zwischendurch flocht ich einige portugiesische Sätze. Nach dem Austausch von Adressen und dem Abschied verließ ich das Café mit dem Gedanken: Selbst noch nach Jahrzehnten besteht eine Verbundenheit zwischen Schule und Schülern.

Die Theaterprobe

Das alte Gießerei- und Walzwerk in Obermeiderich ist zu einem Landschaftspark umgestaltet worden. Diesen Industriepark erreicht man über einen Fußweg von circa zehn Minuten von der Bronkhorstschule. Danach steht man vor den alten Gebäuden und Industrieanlagen, aus denen die ungewöhnlichsten Bäume und Pflanzen sprießen. Der Park bietet im hinteren Teil noch eine andere Attraktion. Vor einem aufgeschütteten Schlackenberg, den man mit niederem Buschwerk bepflanzt hat, wurde ein kleines Amphitheater gebaut. Stufenförmig schmiegen sich im Halbrund die Zuschauerränge an den Hang an. Unten im Rund war eine Bühne aus groben roten Backsteinen gebaut worden.
Die Wanderung war als Ausflug meiner Klasse angemeldet. So hatten wir die Möglichkeit, an diesem schönen sonnigen Vormittag den Park zu erkunden, aber auch später auf dieser kleinen Bühne kurze Auszüge aus unserem Theaterstück zu proben. Als Einstieg war etwas Besonderes geplant. 24 Schüler saßen auf den Steinstufen und lauschten meinen Anordnungen. Jeder Satz sollte mit Gefühl laut und deutlich ausgesprochen werden, damit man ihn auch in der letzten Reihe verstehen konnte.
Meinem ersten Satz „Ich bin glücklich, dass ich hier sein darf" folgte mein zweiter: „Schade, dass ich gestern Abend den Krimi nicht sehen konnte." Nun sollte jeder einen gefühlvollen Satz ins Theaterrund rufen. Die Schüler sträubten sich anfänglich. Christine war die erste, die laut ausrief: „Mir geht es gut, nein, mir geht es saugut." Sie schaute sich um, aber keine weitere Menschenseele war im Park zu sehen. Daniela erhob sich danach, kam auf die Bühne, holte tief Luft und stieß heraus: „Auch ich fühle mich hier in der Klasse wohl." Marina wiederholte den Satz und ergänzte: „Alle sind so toll." Erstaunlicherweise waren die Mädchen mutiger als die Jungen. Der Reihe nach traten jetzt die Schüler und Schülerinnen auf die Bühne und riefen ihren Satz, teils fließen, teils aufgeregt oder belustigt. Die Jungen blieben im Bereich Sport, mit dem Wunsch, besser Fußball spielen zu können, schneller schwimmen oder joggen zu können. Klaus wollte mehr Kilos abnehmen.
Als letzte stieg Nicole auf die Bühne. Sie postierte sich auf, stützte beide Hände in ihre Hüfte und presste einen Schrei heraus, der den Zuhörern durch Mark und Bein ging. „Ich lass mich nicht verbiegen, ich finde mei-

nen Weg, auch ohne euch." Ihre Worte flogen wie eine Anklage vor Gericht in den Himmel. Atemlose Stille. Die Mädchen waren geschockt, die Jungen überrascht. Keiner lachte. In der anschießenden Gesprächsrunde umriss Nicole ihre persönliche Situation: Streit mit den Eltern. „Aber jetzt geht es mir viel, viel besser. Den Schrei, den Frust, die Enttäuschung und die Trauer habe ich aus mir herausgetrieben", gestand sie später. Alle waren betroffen. An eine Fortsetzung der Probe war nicht mehr zu denken.

Mal schweigend, mal gut zuredend traten wir alle den Rückweg zur Schule an. Dabei hatten wir doch nur für die deutliche Aussprache in einem Schauspiel kurz vor den Sommerferien üben wollen. Nun, aufgeschoben war ja nicht gleich aufgehoben. In der nächsten Zeit wollten wir eine ernsthafte Probe wiederholen. Eins hatte die Theaterprobe doch erreicht: Seitdem war der Zusammenhalt in der Klassengemeinschaft stärker geworden.

Facebook macht´s möglich

Vor einigen Jahren hatte ich mich bei Facebook angemeldet. Kaum war ich registriert, da meldete sich ein ehemaliger Schüler aus meiner ersten Klasse, die ich 1979 entlassen hatte. Er wollte mit mir befreundet sein, so heißt es bei Facebook. Ich stimmte zu.
Im Laufe der Zeit meldeten sich immer mehr ehemalige Schüler. Ich fand das herrlich, über alte Zeiten zu schreiben und Erinnerungen auszutauschen.
Wenn es meine Zeit erlaubt, traf und treffe ich mich gerne mit den Schülern. Aber ich muss schon eine Besonderheit mit ihnen erlebt haben. Manchmal genügt auch nur, dass ich mehr erfahren, welche Besonderheiten sich in ihrem Leben zugetragen haben. Viele Ehemalige treffe ich beim Einkauf oder beim Bummel durch Meiderich. Dann genügt schon ein kurzer Small Talk und man verabschiedet mit einem kurzen „Bis bald mal wieder". Aber bei Facebook ist das anders:
Die geschriebenen Worte meines ehemaligen Schülers Joachim klangen voller Begeisterung, als er mich auf Facebook entdeckt hatte. Wir wollten mehr voneinander wissen. So verabredeten wir einen Treffpunkt in Duisburgs Innenstadt. In einem Café in der Nähe des Friedrich-Wilhelm-Platzes fand ein langes Gespräch statt. Joachim erzählte von der wunderschönen Zeit in der Bronkhorst-Schule und von seinem beruflichen Werdegang innerhalb der letzten 35 Jahre. Heute arbeite er in einer bekannten Versicherungsgesellschaft in Düsseldorf. Deshalb habe er auch Meiderich verlassen und wohne jetzt in Huckingen, damit er einen kürzeren Arbeitsweg hat. Seine Eltern aber wohnen immer noch in Meiderich. Dann besucht er seine Eltern und hält somit immer noch den Kontakt zu Meiderich.
Der nächste Schüler, der sich bei mir meldete, hieß Jörg. Er sandte mir auch gleich die Kopie einer Schülerzeitung. Diese Zeitung war in einer AG in den 80er Jahren entstanden, und Jörg hatte sie mit mir entworfen. Diese Zeitung hieß BMX = Bronkhorst-Magazin-Extra. Als Titelseite hatten wir den Bronki-Bären gezeichnet, der auf einem BMX-Fahrrad saß. BMX Fahrräder waren damals in Mode gekommen und wir benutzten die Buchstaben BMX für **B**ronkhorst-**M**agazin-E**x**tra. Ich lud Jörg zu mir nach Hause ein. Er versprach mir, dass er alle Exemplare von 1986 bis 1990 mitzubringen, sobald es seine Zeit den Besuch ermöglichte. Ich

war begeistert. Ich erfuhr von ihm, dass er heute als Lkw-Fahrer durch ganz Europa fährt. Eine tolle Karriere für einen Hauptschüler. In den später mitgebrachten Schülerzeitungen konnte ich genügend Anekdoten von unserer Schule entdecken und die werde ich in naher Zukunft auch schreiben. Über zwei Stunden dauerte Jörgs Besuch, Er verließ meine Wohnung mit dem Versprechen auf ein baldiges Wiedersehen. 25 Jahre, wo sind sie geblieben.

Der dritte Schüler, der mich auf Facebook kontaktierte, hieß Gökhan. Der türkische junge Mann hatte Meiderich nach seiner Lehre verlassen und wohnt jetzt mit seiner Familie am linken Niederrhein. Heute besitzt er eine Firma mit seinem Vater und beschäftigt 13 Mitarbeiter. Gökhan lud mich dann noch ein, ihn und die Firma in Kleve zu besuchen. Er würde mir dann alles zeigen und erklären, wie er seinen Werdegang geschafft hatte. „Deal or no deal", schrieb er mir bei Facebook. Ich stimmte zu.

Als letzte Begegnung möchte ich erwähnen, dass ich mit meiner Frau einen Abendeinkauf bei Netto machte. In der wartenden Kundenschlange wurde meine Frau von einem ehemaligen Schüler der Heinrich-Böll-Schule mit den Worten begrüßt: „Guten Abend, Frau Lubitz. Schön, dass ich Sie hier treffe." Die junge Frau an der Kasse horchte auf. „Lubitz? Ja ich erkenne Sie auch, Herr Lubitz. Sie haben immer in meiner Klasse Vertretungsunterricht gehalten, wenn irgendein Lehrer erkrankt war. Erinnern Sie sich noch an mich?" Ich schaute auf ihre Augen. „Ja, Ihr Gesicht kommt mir bekannt vor. Aber nennen Sie mir doch bitte Ihren Namen!" „Ich bin Ülcü". Und jetzt wusste ich wieder Bescheid. „Sie waren das einzige Mädchen, das diesen Namen trug." „Ja, und ich erinnere mich, Sie waren der einzige Lehrer, der in den Pausen mit uns türkisch sprach. Sie hatten uns erzählt, dass Sie einen Sprachkurs besuchten." „Ja, das stimmt, und ich kann bis heute noch die Sätze, die ich mit euch damals gesprochen habe. Guten Tag, wie geht es euch, ich kann jetzt türkisch sprechen." Während sie die Preise für unsere Waren eintippte, sagte sie mir leise: „Ich musste vor einigen Jahren in der Türkei bleiben, weil ich dort meinen Mann kennengelernt habe. Aber nach drei Jahren kam ich wieder zurück. Ich hatte fast die deutsche Sprache verlernt. Aber ich habe mich aufgerafft und wieder gelernt. So konnte ich jetzt eine Anstellung bei Netto bekommen und ich bin dankbar, wieder in Meiderich zu sein. Ich bin hier geboren, wohne wieder in unserer

Siedlung. Meiderich ist meine Heimat. Ich bin jetzt 27." „Sie sind noch jung. Wenn Sie Ihr Alter umdrehen, dann wissen Sie meins", sagte ich lachend. Ich ballte meine Faust und hielt dabei den Daumen hoch. Weil sich hinter mir bereits eine kleine Warteschlange gebildet hatte, mussten wir uns leider verabschieden. Aber keiner beschwerte sich. Alle Kunden waren wohl über das Wiedersehen gerührt.

Ich finde es toll, immer nach so vielen Jahren den Kontakt mit ehemaligen Schülern aufrecht zu erhalten. Dabei lerne ich ihre Einstellung zum Erwachsenwerden kennen und nebenbei tauschen wir dann auch noch alte Erinnerungen aus. Ich stelle dann fest, dass mein Einsatz, mein Unterricht und meine Wissensvermittlung nicht vergeblich war.

So ist das Leben!

Ein Philosophieprofessor steht vor seinen Studenten und hat einige Dinge vor sich liegen. Als der Unterricht beginnt, nimmt er ein großes leeres Mayonnaise-Glas und füllt es bis zum Rand mit großen Steinen. Dann fragt er seine Studenten, ob das Glas voll ist. Sie stimmen ihm zu. Der Professor nimmt dann eine Schachtel mit Kieselsteinen, kippt sie in das Glas und schüttelt es leicht. Die Kieselsteine rollen natürlich in die Zwischenräume der größeren Steine. Dann fragt er seine Studenten erneut, ob das Glas jetzt voll ist. Sie stimmen ihm wieder zu und lachen. Der Professor seinerseits nimmt eine Schachtel mit Sand und schüttete diesen in das Glas. Natürlich füllt der Sand die letzten Zwischenräume im Glas aus. „Nun", sagt der Professor zu seinen Studenten, „ich will, dass Sie erkennen, dass dieses Glas wie Ihr Leben ist. Die Steine sind die wichtigen Dinge im Leben. Ihre Familie, Ihre Gesundheit, Ihr Partner, Ihre Kinder. Dinge, die – wenn alles andere wegfiele und nur sie übrigblieben – ihr Leben immer noch erfüllen würden. Die Kieselsteine sind andere, weniger wichtigere Dinge, wie z.B. Ihre Arbeit, Ihre Wohnung, Ihr Haus oder Ihr Auto.

Der Sand symbolisiert die ganz kleinen Dinge im Leben. Wenn Sie den Sand zuerst in das Glas füllen, bleibt kein Raum für die Kieselsteine oder die großen Steine. So ist es auch in Ihrem Leben, wenn Sie all Ihre Energie für die kleinen Dinge in Ihrem Leben aufwenden, haben Sie für die großen keine Kraft mehr. Achten Sie auf die wichtigen Dinge, nehmen Sie sich Zeit für Ihre Kinder oder Ihren Partner, achten Sie auf Ihre Gesundheit. Es wird noch genug Zeit für Arbeit, Haushalt, Partys usw. blei-

ben. Achten Sie zuerst auf die großen Steine. Sie sind es, die wirklich zählen. Der Rest ist nur Sand!"
Nach dem Unterricht nimmt einer der Studenten das Glas mit den großen Steinen, den Kieseln und dem Sand – bei dem sogar der Professor zustimmt, dass es voll ist – und schüttet ein Glas Bier hinein. Das Bier füllt den noch verbliebenen Raum im Glas aus. Dann ist es wirklich voll. Bis zum Rand. Die Moral von der Geschichte?
Egal, wie erfüllt das Leben ist – es ist immer noch Platz für ein Bier.

Spricht man hier deutsch?

Bei dem Bummel durch unseren Urlaubsort in Colakli bei Side entdeckten wir viele Auslagen in Souvenirläden, Leder- und Textilhandlungen. Manchmal standen die Besitzer in der Türe und riefen den Touristen auf Deutsch zu: „Beste Ware, alles günstig, kommen Sie rein und gucken." Einer rief sogar: „Heute kaufen, morgen bezahlen", und kniff dabei ein Auge zu. Und in vielen Geschäften lag ein Schild aus mit Hier spricht man deutsch.

Nach diesem Urlaub in der Türkei las ich fünf Jahre später in Meiderich eine Anzeige in der WAZ ‚Lesebrillen billig zu verkaufen, Biesenstr./ Ecke Haferacker.' Da ich eine solche Lesehilfe brauchte, ging ich dort hin. Als ich das Geschäft verließ, entdeckte ich auf der gegenüberliegenden Seite ein Reklameschild mit der Überschrift SIDE über dem Laden. Ich blickte durch die große Fensterscheibe und sah einen jungen Mann, der einem Kunden die Haare schnitt. Und wen erkannte ich da? Serkan, ein ehemaliger Schüler meiner Schule. Er winkte mich herein. Eine kurze Umarmung und ein kurzes Gespräch. Erlebnisse wurden ausgetauscht. Wir erinnerten uns an meinen Unterricht in den Fächern Englisch und Musik. Ich versprach zu ihm ins Geschäft zu kommen. Der Haarschnitt war preiswerter als andere Frisöre. Serkan hatte einen Mitarbeiter und einen Praktikanten eingestellt.

Eine Woche später saß ich in seinem Salon. Drei türkische Kunden ließen sich die Haare stylen und zwei deutsche Männer und ein Türke warteten darauf bedient zu werden. Ein munteres Geplauder füllte den Raum. Die beiden Mitarbeiter berichteten wohl über ihren Urlaub. Ich verstand nur wenige türkische Wörter. Die hatte ich mal in meiner Schule aufgeschnappt. Tatiller (Ferien), evet (ja), valar (wirklich) und cok iyi (sehr gut). Sieben Türken unterhielten sich ununterbrochen und lachten dabei immer laut. Ich musste grinsen. „Spricht man hier auch deutsch?", fragte ich scherzhafterweise Serkan. „Ja, klar", antworteten Serkan und Sefa. Serkan ergänzte weiter: „Wir sprechen immer deutsch – mit allen deutschen Kunden. Wir arbeiten doch schließlich in SIDE."

Unter Tausenden im Terminal von Antalya

Im Jahr 2007 hatten wir eine achttägige Rundreise von Istanbul nach Antalya gebucht. Anschließend hatten wir weitere sieben Tage Badeurlaub in Side angehängt. Ein fantastischer Urlaub.
Am Tag der Abreise betraten wir den Terminal von Antalya. In dieser riesigen Flughafenhalle eilten Tausende von Touristen mit ihren Gepäckwagen, Trolleys oder Rollkoffern durch die Menschenmenge. Andere warteten vor den Informationsständen, Reklametafeln oder vor den Auslagen in den Schaufenstern. Wiederum trafen Grüppchen zusammen, die sich begrüßten oder sich voneinander verabschiedeten. Es machte sich ein Lärm und eine ungeheure Hektik breit. Und mittendrin erschallte laut mein Name `Herr Lubitz`. Ich versuchte den Rufer ausfindig zu machen. Nach einigen Umdrehungen entdeckte ich den jungen Mann, an seiner linken Hand einen Riesenkoffer, an der rechten ein etwa fünfjähriges Mädchen. Lachend kamen beide auf mich zu. „Erinnern Sie sich noch? Ich bin Cihan. Ich war Ihr Schüler in der Bronkhorstschule. Sie unterrichteten mich 1986 in Musik.
Er sah in mein nachdenkliches Gesicht. „Ich habe Sie sofort erkannt", fuhr er fort, „Sie haben sich überhaupt nicht verändert. Sie sehen immer noch so fit aus wie damals." „Danke, aber jetzt erinnere ich mich an deine Stimme. Ich weiß, wer du bist. Du warst derjenige, der für jede Art von Musik zugänglich war. Ich darf dich doch duzen?" Cihan nickte. „Du hattest eine Schwäche für türkische Folklore und an Popmusik, aber du interessiertest dich auch für deutsche Klassik und Schlager." „Ja. Und das ist meine Tochter Emra. Wir sind beide auf dem Weg nach Incecum, 120 km vor Alanya. Dort besuchen wir unsere Großfamilie."
Ich erzählte Cihan kurz von unserer Rundreise. Doch die Zeit drängte. Wir verabschiedeten uns mit dem Versprechen, uns irgendwann in Meiderich zu treffen. „Da wohnen wir immer noch."
Welch ein Ereignis! Meidericher in der Türkei im Terminal von Antalya, unter Tausenden von Touristen, die einen vor der Weiterreise, die anderen vor der Heimreise.
Was für ein Gefühl?! Welch eine Freude!!

Zeig mir den Platz an der Sonne

Diesen Titel sang Udo Jürgens vor vielen Jahren. Und irgendwann verspürte auch ich die Lust, in sonnige Gefilde zu verreisen oder zu fliegen Aber der Wunsch erfüllte sich erst viel später. Anfang der 70er Jahre kamen die ersten türkischen Schüler nach Meiderich. Sie erzählten mir von ihren Dörfern und Städten, die sie mit ihren Eltern verlassen mussten, weil die Väter eine Arbeit in Meiderich gefunden hatten. Meine Schüler zeigten mir in den Pausen Fotos von Sonnenuntergängen. Ali, Erkan, Songül und Funda bekamen feuchte Augen, als sie von der Schönheit ihres Landes berichteten. Sie fügten aber auch sofort hinzu, dass sie sich jetzt in Meiderich wohlfühlten. „Aber wenn Sie, mein Lehrer, auch mal nach Antalya kommen sollten, werden Sie auch begeistert sein."
Mein Lehrer, diese Anrede war mir neu. Aber so drücken Schüler ihren Respekt vor dem Lehrer aus: ´Ögretmenim` = mein Lehrer. Sie beziehen den Lehrer sofort in ihre Gefühlswelt mit ein.
Ich habe in meinen 30 Jahren Dienstzeit fünf Mal die Türkei bereist. Zum ersten Mal flog ich in die Türkei im Jahr 2006. Und in verschiedenen Gegenden habe ich Urlaub gemacht. Ich kann immer wieder, selbst nach vielen, vielen Jahren. bestätigen:
Ja, man hat mir den Platz an der Sonne an vielen Orten in der Türkei gezeigt.

Wie ein Stich ins Herz

1982 hatte der Rektorenwechsel an der Bronkhorstschule stattgefunden. Herr Millinghaus war pensioniert worden und die Schule erhielt einen neuen Rektor, Johannes Grütjen. Er steckte voller Ideen. Das Besondere war, zu den regulären Haupt- und Nebenfächern wurden Arbeitsgemeinschaften (AG) gegründet. So entstand die AG Sport für Fußball, Leichtathletik, für Physik und Werken, für Textilgestaltung, für Musik und Tanz, sowie für die Schülerband Team-Spirit. Diese AG´s machten Spaß und wurden auf den Halbjahres- und Jahreszeugnissen attestiert. Zwar nicht mit Noten, sondern mit dem Vermerk: teilgenommen, mit Erfolg teilgenommen und mit besonderem Erfolg teilgenommen. Diese Art der Beurteilung war zugleich auch ein Ansporn für gute Leistungen in den Realfächern. Damit begann die Hochblüte unserer Schule.
Ich hatte die Leitung der Theatergruppe bekommen, die einmal in der Woche nachmittags mit einer Doppelstunde angesetzt worden war. Meine Gruppe setzte sich aus zwölf Schülern der 8., 9. und 10. Klasse zusammen. Aber es musste nicht jeder eine Theaterrolle übernehmen. Wir brauchten ja auch Beleuchter, Bühnen- und Kostümbildner und Statisten. Je nach Theaterstück konnten alle Teilnehmer ihre Fähigkeiten unter Beweis stellen. Die Proben, Absprachen und Vorgespräche fanden zunächst in einem Klassenraum, später die Generalprobe in der Aula statt. Zwei Aufführungen im Jahr waren das Ergebnis monatelanger Proben: Eine Aufführung vor den Sommerferien und eine in der Vorweihnachtszeit. Je ausgefeilter und lustiger die von mir umgeschriebenen Theaterstücke waren, desto lieber wollten sie auch alle `Bronkhörstler` sehen. So mussten wir manchmal vor den Klassen 5-7, danach vor 8 – 10 auftreten.
Von den vielen Aufführungen sind mir fünf besonders in Erinnerung geblieben:
Das erste Schauspiel hieß „Der verlorene Schlüssel". Im letzten Akt musste ein Penner auftreten. Keiner wollte ihn darstellen. Aber woher nehmen? Der elfjährige Dirk V. erklärte sich bereit, diese Rolle zu übernehmen. Bei den Mitspielern traten erste Zweifel auf, weil Dirk zu jung und zu klein war. Aber entsprechend ausstaffiert, mit Krückstock und altem Regenmantel

meisterte Dirk seinen Part. Das Publikum war begeistert und tobender Szenenapplaus setzte schon während des Spiels und nach dem Ende des Aktes ein. Damit hatte Dirk seinen Stammplatz für die nächsten Hauptrollen gesichert.

Als zweites Stück fiel mir das Singspiel „Hänsel und Gretel" ein. Szenen aus dem Duisburger Stadttheater stellten wir nach und ´sangen im Playback-Verfahren` Der Erfolg war berauschend und sprach sich an den Grundschulen in Meiderich herum. Wir wurden zweimal eingeladen, das Spiel vor Grundschülern vorzuspielen und jedes Mal war das Publikum hin und weg. Und irgendwie war es ja auch eine Werbung für unsere Arbeit an der Schule.

Das dritte Schauspiel war an den Film „Das Wirtshaus im Spessart" angelehnt. Den sympathischen Räuberhauptmann spielte Dirk V. In einer Szene musste er in Frauenkleidern auftreten. Er trug ein langes, hellgrün geblümtes Sommerkleid, einen Sonnenstrohhut mit großer Krempe. Dazu eine Sonnenbrille und Stöckelschuhe. Das Publikum rätselte, wer wohl darunter stecken mochte. Erst als die ´Dame` mit
verstellter Stimme sich laut Text zu erkennen geben musste und sie Hut und Brille abnahm, brandete tosender Applaus auf. Das war eine Paraderolle für Dirk.

Das vierte Stück beinhaltete eine Geschichte von Franz Kafka. Titel: Das Schloss. Daraus hatte ich einige Motive entnommen, aber für Hauptschüler umgedichtet. Ich erinnere mich daran, dass die Schüler gebannt der Aufführung folgten. Ein Stück mit so einem ernsten Thema hatten sie noch nie gesehen. Auch am Schluss wollte das Beifallklatschen kein Ende nehmen.

Als fünftes Stück fällt meine Erinnerung auf eine „moderne Weihnachtsgeschichte". Inhalt: Maria und Josef auf der Suche nach einer Unterkunft in Bethlehem bis hin zur Geburt Jesu im Stall. Parallel dazu lief eine Geschichte mit ähnlichem Inhalt in der damaligen gegenwärtigen Zeit. Auch diese Aufführung beeindruckte Schüler und Lehrer.

Dirk V. wurde 1984 nach erfolgreichem Abschluss der Klasse 10 entlassen. Aber er besuchte noch jahrelang in den Pausen unsere Schule. Der Vertrauenslehrerin gestand er in einem Interview:

Durch das Laienspiel habe ich erstmal viel Sicherheit gewonnen. Wenn man auf der Bühne steht, hat man immer Lampenfieber. Aber sobald man das mal öfters gemacht hat, gewinnt man allmählich Selbstver-

trauen... Alles hat mein Selbstbewusstsein gefördert. Ich musste ja vor vielen Menschen sprechen können. Das habe ich auf Bronkhorst gelernt. Heute bin ich in einem großen Warenhaus tätig, muss mich mit vielen Leuten befassen. Ich bin gerne unter Menschen, was auch meinen Beruf mit beeinflusst hat. Das hat die Bronkhorst-Schule gefördert.

Die Aula aber war nicht nur Austragungsort für Schauspiele, sondern auch die Musik- und Tanz-AG stellten ihre Ergebnisse auf der Bühne vor. Die Schülerband gab Konzerte. Die AG Textiles Gestalten führte ihre Tüchershow vor.

Sogar eine Examensstunde in Musik vor Prüfern wurde von der Planung bis zu einer Lichtershow abgehalten. Highlight bildete 1984 die Verabschiedung der Schulsekretärin. Wir Lehrer traten in Tierkostümen, Artistenanzügen und Kabinettstückchen im „Zirkus Bronkali" auf. Die Aula bot eine Vielfalt von Aktionen. Die Schule wurde mangels Schüler 2012geschlossen.

Im Mai 2017 breitete sich die Nachricht aus: Die Aula der Bronkhorst-Schule brennt. Kinder hatten den Bühnenvorhang in Brand gesetzt und im Nu standen alle umliegenden Räume in Flammen. Diese Nachricht versetzte mir einen Stich ins Herz. Aber mit dem Feuer verbrannten auch meine Aula-Erinnerungen an meine schöne Lehrerzeit. So wie mit der Zeit jede Wunde heilt, so schließt sich auch jeder Schmerz. Aber die Erinnerung bleibt in meinem Herzen.

INHALTSVERZEICHNIS

Vorwort	7
Die Tanz-AG	9
Stimmen mit Köpfchen	11
Das Lehrerdenkmal	13
Schullandheim Antweiler	15
Ein Portugiese in Meiderich	16
Als hätte ich Neuland entdeckt	18
Die Raucherecke	19
Drei Jahre Schullandheimverbot	20
Elternsprechtag	22
It´s Tea-Time	24
Komik – Spaß – Respekt	26
Lerninhalte u. Verhaltensweisen	28
Noch ´ne Lachpille	29
Pubertierende Mädchen	31
Regeln auf Bronkhorst	33
So ändert sich die Pädagogik	35
So kann man auch Geld verdienen	38
Die Schülerin Irvana	39
Bronkhorstschule darf nicht sterben	40
Brückenpfeiler	42
Das Maifest	43
Das Rosenspiel	44
Der Lebensretter	46

Der Orkan	48
Die Bodyguards von Bronkhorst	49
Die Rettung	51
Ein neuer Name für meine Schule	53
Eine Bilderbuch-Freundschaft	55
Eine kinderreiche, türkische Familie	57
Erkans Jugenderinnerungen	59
Es geht auch mal anders	61
Ich bin doch ein Meidericher	63
Keine Hoffnung mehr	65
Lieber Hakan!	66
Özlem	68
Schwimmbad Borkhofen	70
TV aktuell – im Jahr 1989	71
Abschlussfahrten nach Langeoog	73
Ein ganz besonderes Erlebnis	75
An seinen Augen konnte ich ihn erkennen	77
Das Versteckspiel	78
Der Neue	79
Deutschkurs für türkische Schüler	81
Die gute Tat	82
Die Tücher-Show	83
Gefühle eines Hauptschullehrers	87
Sag die Wahrheit	88
Straße der Erinnerungen	89
Türkische Vornamen	91

Beurteilungen	93
Die Begegnung	95
Die Theaterprobe	96
Facebook macht's möglich	98
Spricht man hier deutsch?	102
Unter Tausenden im Terminal von Antalya	103
Zeig mir den Platz an der Sonne	104
Wie ein Stich ins Herz	105

www.ingramcontent.com/pod-product-compliance
Lightning Source LLC
LaVergne TN
LVHW020423080526
838202LV00055B/5002